Terry Gogna

¿Cómo logro hacer todo lo que debo hacer?

Sistema P.E.M

TALLER DEL ÉXITO

¿Cómo logro hacer todo lo que debo hacer?

Publicado por:

Taller del Éxito, Inc
1669 N.W. 144 Terrace, Suite 210
Sunrise, Florida 33323
Estados Unidos

Editorial dedicada a la difusión de libros y audiolibros de desarrollo personal, crecimiento personal, liderazgo y motivación.

Diseño de portada y diagramación: Diego Cruz

ISBN 10: 1-607380-62-5
ISBN 13: 978-1-60738-062-7

Printed in the United States of America
Impreso en Estados Unidos

12   13   14   15   16   R|UH   10   09   08   07   06

DEDICATORIA Y RECONOCIMIENTO

Quiero dedicar este libro a tres grupos
de personas muy especiales.

Primero:

A Dios, mis padres, mi esposa y mejor amiga Rani y
a mis dos hijos Anil y Aaron. No soy alguien que ha
llegado hasta aquí por mis propios esfuerzos, soy lo que
soy gracias a quienes me han apoyado y retado.
Gracias a todos.

Segundo:

A todas las personas especiales alrededor del mundo
que han experimentado tremendas angustias y
dificultades sin renunciar a sus sueños, sin importar
cuán doloroso haya sido su peregrinaje. Su travesía de
dolor y lágrimas ha dado esperanza y ha fortalecido a
muchos otros. Aunque es posible que USTEDES, de
forma personal, no hayan sido conscientes de esto,
DIOS sí. Gracias por inspirarnos a todos a perseguir
nuestras pasiones, al "seguir en curso" y no
renunciar a sus sueños.

Tercero:

A mis héroes; cansados, desanimados, traicionados,
con el corazón roto y perseguidos, no se dieron por
vencidos ni abandonaron sus misiones.
Gracias por mostrarme el camino.

CONTENIDO

¿POR QUÉ ESCRIBÍ ESTE LIBRO?

Como empresario y entrenador de éxito personal, con el transcurso de los años he conocido muchos individuos que han compartido sus sueños conmigo.

Ellos han sido honestos respecto a las metas especiales que quieren lograr en su vida: lo que sueñan darle a su familia, las obras sociales que desean apoyar, los lugares alrededor del mundo que les gustaría visitar, lo que anhelan hacer para ayudar a su iglesia y el hermoso futuro que piensan obtener para sí mismos y para su familia.

Y hablan acerca de sus sueños, como pequeños niños en Navidad, llenos de mucha ansiedad y emoción, muriéndose por abrir su montón de regalos escondidos bajo el árbol navideño.

Me entristece que muchos de los adultos a quienes he entrenado enfrenten la vida de la misma manera. Creen que para lograr el éxito, todo lo que deben hacer es alcanzar el regalo y abrirlo. Como ingenuos niñitos, no esperan dificultades y por eso terminan sorprendidos ante ellas.

Cuando surgen las adversidades, y siempre surgirán, muchas personas asumen que están en el camino equivocado y renuncian. No creo que ellas hayan renunciado a sus sueños. Sin embargo, sí creo que sólo están buscando una vía más fácil, una sin baches, sin dificultades a lo largo del camino.

Este libro es mi mensaje para los emprendedores de todo el mundo que sueñan con hacer algo grande con su vida.

Cada camino que conduzca a alcanzar tus sueños estará lleno de baches, dificultades que no puedes evitar. Debes aceptar que los problemas sencillamente son los "golpes de cincel" que te da la vida, esculpiéndote y convirtiéndote en la gran persona que puedes ser, siempre y cuando continúes en el camino.

Cuando lleguen las dificultades, no desistas. En lugar de eso, inclínate hacia ellas y prepárate para "recibir el golpe" pues cada vez que los recibes, es sencillamente una señal diciéndote: "Es hora que mires en tu interior y hagas unos ajustes". No es una señal para que renuncies.

Este libro se trata completamente de esos pequeños ajustes que es posible que necesites hacer a lo largo de tu camino y a propósito me encantaría saber cómo te ha ayudado en tu viaje personal hacia la realización de tus sueños. Seguro que tu historia inspirará a todos los que la lean.

Terry Gogna

No existe la "administración del tiempo".

¿Cuán a menudo has escuchado las frases: "No tengo tiempo" o "Tengo que sacar el tiempo"?... Sé lo que estás pensando, "Justo hoy, dije eso". Todos oímos eso tan a menudo que nunca nos detenemos a escuchar lo que estamos diciendo.

Escuchamos y usamos esas palabras con tanta frecuencia que nunca cuestionamos su precisión. En lugar de eso, sin duda alguna nos convencemos

> "No debemos permitir que el reloj ni el calendario nos cieguen ante el hecho de que cada momento de la vida es un misterio y un milagro".
> — H.G. Wells

> *"Conoce el verdadero valor del tiempo; arrebata, aprovecha y disfruta cada momento del mismo. Nada de ociosidad, nada de pereza, nada de posponer, nada de dejar para mañana lo que puedes hacer hoy".*
> —Lord Chesterfield

a nosotros mismos de su verdad. Quiero hacer énfasis en algo aquí y ahora:

No puedes "sacar" o "administrar" el TIEMPO. Sólo puedes crear y administrar eventos personales.

El diccionario Webster define: "Administrar es 'manipular', 'dirigir' o 'alterar' algo con un propósito". No puedes administrar el tiempo porque no lo puedes manejar, dirigir o alterar para ningún propósito. No puedes acelerar el tiempo y tampoco puedes disminuir su marcha.

Sólo puedes controlar o administrar los eventos que llevas a cabo personalmente durante el tiempo que ya existe.

Así que la próxima vez que escuches la frase "Administración del tiempo" recuerda, no existe la "Administración del tiempo".

"Administrar eventos" es la única manera en que se puede pretender de forma exitosa que estás administrando el tiempo.

A propósito, organizar tus eventos diarios en segmentos de 15 minutos o menos durante todo el día te dará la percepción de realmente estar capturando y reduciendo al marcha del tiempo.

El Sistema de administración de eventos por prioridad (A.E.P.) es una herramienta que te permitirá organizar y

> "Deberíamos contar cada día como una vida separada".
> — Seneca

elevar de forma efectiva tu "éxito personal y profesional" a través de un proceso de entendimiento y priorización de los eventos que realizas a diario.

A lo largo de este libro estaré refiriéndome al "Sistema de administración de eventos por prioridad" como Sistema A.E.P.

CAPÍTULO UNO

El principio "oculto" del éxito

*"Cuídate de la aridez
de una vida ocupada".*
— SÓCRATES

Es sabido que hay principios de éxito que, si se siguen diligentemente, producen gran éxito en cualquier área de la vida. Entonces, ¿por qué tantas personas que han alcanzado un éxito evidente e importante en UN área, no tienen un éxito importante en otras áreas?

Si realmente supiéramos cómo fue que llegamos a ser exitosos en un área en particular, ¿no querríamos aplicar los mismos principios a todas las demás áreas?

Tendríamos razón al decir que si somos significativamente exitosos en un área y NO tenemos éxito en otras, entonces:

> "El verdadero conocimiento es conocer la magnitud de nuestra ignorancia".
> — Confucio

1. No nos importa tener éxito en esas otras áreas de nuestra vida.

2. Hemos aceptado la mentira de que "para lograr un éxito importante en cualquier área de la vida, DEBEMOS sacrificar todas las otras áreas".

3. Es probable que no sepamos de manera exacta cómo fue que llegamos a tener éxito en esa área. Puede que haya otros principios de éxito actuando tras bambalinas, de los cuales sencillamente no somos cons-

cientes, además de los obvios que han generado nuestro éxito como lo son la pasión, la determinación, la perseverancia y concentración del esfuerzo constante.

Si asumimos que la verdadera razón es el punto número tres, ¿qué otros posibles principios de éxito están en acción tras bambalinas?... Aquellos de los que no somos conscientes o a los que nos rehusamos prestar atención.

A diario, hay dos tipos de "eventos o actividades" en los que todos nos involucramos: eventos basados en el presente y eventos basados en el futuro.

> "El futuro depende de lo que hacemos en el presente".
> — Mohandas Gandhi

Los eventos basados en el presente nos permiten mantener cierto nivel de comodidad y felicidad. Sin embargo, no importa cuánto tiempo y dedicación destinemos a esos eventos, no generarán ningún cambio SIGNIFICATIVO en nuestra vida o estilo de vida actual. Estos eventos basados en el presente no crearán un nuevo y mejor futuro significativamente distinto al que estamos viviendo en la actualidad.

Dos ejemplos:

1. No importa cuánto tiempo dediquemos a limpiar nuestra casa, el evento de limpiarla no nos mudará a una casa más agradable en el futuro. Sólo mantendrá limpia nuestra casa actual.

2. Leer libros de actitud mental positiva casi siempre nos hará sentir bien respecto a las posibilidades de un mejor futuro. Sin embargo, sin importar cuánto leamos, nuestro futuro nunca diferirá de nuestro presente hasta que pongamos en práctica lo que hemos aprendido de nuestra lectura y hagamos algo que de forma directa cree un futuro diferente.

Los eventos basados en el futuro son la fuente de cambio en la vida y estilos de vida, que crean un nuevo y mejor futuro. Sin embargo, a menos que sepamos exactamente por qué estamos haciendo parte de ese tipo de evento, podemos desanimarnos fácilmente casi hasta renunciar. Cuando nos involucramos en un evento basado en el futuro, los resultados inmediatos a menudo no se ven, sino que "aparecen" en el futuro.

> "Para las personas es difícil soltar su sufrimiento. Debido a su temor por lo desconocido, prefieren la familiaridad del sufrimiento".
> — Thich Nhat Hanh

Dos ejemplos:

1. Las personas que se ejercitan para bajar de peso no esperan verse y sentirse muy bien el mismo día que hacen ejercicio. Por el contrario; el cansancio y los dolores experimentados después de ejercitarse, a menudo duran uno o dos días. La gente elige soportar el dolor y el esfuerzo de hacer ejercicio para poder esperar sentirse y verse muy bien en el futuro cercano.

2. Los vendedores pueden escuchar audios motivacionales y practicar sus presentaciones durante todo el día, pero hasta que no tomen el teléfono y contacten a alguien ofreciéndole sus productos o negocios, nunca crearán un futuro que sea diferente de su presente; sólo seguirán experimentando en el futuro lo que tienen en el presente.

> "Si un hombre no sabe hacia qué puerto se dirige, ningún viento le es favorable".
> — Seneca

Si nos ocupamos todo el día con SÓLO eventos basados en el presente, estaremos asegurando que nuestro futuro estilo de vida se verá exactamente como el que tenemos en la actualidad.

La clave del éxito radica en verdaderamente entender y diferenciar entre un evento basado en el presente y uno basado en futuro.

Cuando hacemos una lista de eventos basados en el presente, y de eventos basados en el futuro, podemos tener incertidumbre respecto a si un evento está basado en el presente o en el futuro porque ambos pueden ser justificables. El factor decisorio se basará en las metas que nos hemos trazado en las diferentes áreas de nuestra vida. Primero necesitamos saber exactamente lo que queremos lograr en el futuro, así luego podemos establecer un plan de juego para lograrlo.

El propósito del siguiente ejercicio no es hacer una lista "lo más extensa posible" de cosas importantes que crean nuestro futuro, sino descubrir el EVENTO ÚNICO más importante que realizará o destruirá nuestro futuro en CADA área en particular de la vida. Es definitivamente crucial que identifiquemos este "único evento".

La forma más sencilla de identificar si un evento está basado en el presente o en el futuro, es preguntarnos: "¿Si sólo llevo a cabo este evento y nada más, podría alcanzar mi meta futura?"

> "Nunca dejes para mañana lo que puedes hacer hoy".
> — Benjamín Franklin

Sin importar cuán firmemente sintamos que es necesario desempeñar más de una actividad para alcanzar una meta futura en particular, la clave sigue estando en identificar sólo UN "evento raíz" más grande que todos los otros, cuando se trata de crear el futuro que deseamos.

Tres ejemplos:

1. A fin de lograr mi meta futura de ser delgado y saludable, debo hacer lo siguiente:

- Comer alimentos saludables

- Tener 5 a 6 comidas más pequeñas

- Ejercitarme con frecuencia

En este ejemplo, si comemos alimentos saludables en comidas más pequeñas pero dejamos a un lado el ejercicio, podemos estar más saludables pero no vamos a mejorar nuestro nivel general de estado físico. Por lo tanto, ejercitarse es el "evento raíz", ésa será la causa del mayor cambio para nuestra vida y estilo de vida presentes, que luego nos ayudará a lograr nuestro futuro deseado. El ejercicio es el evento basado en el futuro, los otros dos son eventos basados en el presente.

2. A fin de tener éxito en mi negocio, debo hacer lo siguiente:

- Escuchar audios motivacionales y educacionales
- Leer libros de crecimiento personal
- Asistir a seminarios
- Hacer llamadas a posibles clientes (contactos)
- Hacer presentaciones

"No puedes construir una reputación sobre lo que vas a hacer".
— Henry Ford

Primero, si sólo escuchamos audios o sólo leemos libros o asistimos a seminarios, nunca lograremos nuestro deseado futuro porque solamente estamos "alistándonos" para actuar.

Segundo, si no tenemos citas para hacerle nuestras presentaciones de negocios o productos a posibles clientes, nunca alcanzaremos el futuro deseado. Por lo tanto, "hacer contactos" se convierte en el "evento raíz" basado en el futuro y todo lo demás es basado en el presente.

3. "Trabajo mucho en mis estudios y aún así no entiendo por qué no obtengo las calificaciones".

Hay muchos estudiantes que están convencidos de estar esforzándose en sus estudios. Sin embargo, si examinas sus actividades, la razón por la que no están obteniendo las calificaciones que quieren es obvia para el observador, aunque los estudiantes están emocionalmente involucrados en sus "estudios" son completamente inconscientes. Esto es a lo que me refiero:

> "La mayoría de personas tendría éxito en cosas pequeñas si no estuviera preocupada con grandes ambiciones".
> — Henry Wadsworth Longfellow

Esta es una lista de las cosas que un estudiante como éste haría en una sesión normal de cuatro horas de estudio:

1. Alistar la ropa para el día siguiente

2. Ordenar su escritorio y su habitación

3. Alistar su maleta escolar

4. Organizar archivos en su computadora portátil

5. Enviar correos electrónicos a amigos

6. "Chatear" con amigos

7. Recibir llamadas de amigos

8. Escribir notas una y otra vez porque no estaban bien ordenadas

9. Memorizar fórmulas

10. Estudiar tratando de entender contenido relevante

"En todas las cosas el éxito depende de la preparación previa y sin tal preparación, es seguro que habrá un fracaso".

— Confucio

Este estudiante inconscientemente concluyó que porque estuvo en su habitación desde las 6:00 p.m. hasta las 10:00 p.m. estudió por cuatro horas. Todo el "tiempo" que gastó en cualquiera de las tareas listadas anteriormente entre las 6:00 p.m. y las 10:00 p.m. fue parte de su programa de "duro estudio". Sin embargo, este estudiante necesita entender que el evento número diez es el único evento basado en el futuro que creará su "futuro deseado" o mejores calificaciones. Todos los otros nueve eventos son basados en el presente, no son la "causa principal" directa para obtener mejores calificaciones.

Sin importar cuán bueno sea este estudiante en todos los otros nueve eventos, si deja por fuera el evento diez, con seguridad fallará. Este estudiante debería estar haciendo primero el evento número diez, antes de cualquiera de las otras actividades.

En conclusión, hasta que no identifiquemos los eventos importantes basados en el futuro en cada área y entendamos su INCREÍBLE PODER y VALOR para cambiar nuestra vida y estilo de vida presentes, seguiremos llenando nuestros días con eventos que obstruyen nuestro futuro y no generan cambios en el presente. Y en los siguientes días y noches, como muchos otros, nos preguntaremos por qué nuestras vidas no están cambiando a pesar de nuestro esfuerzo.

> "Todo lo que mira hacia el futuro eleva la naturaleza humana; porque nunca la vida es tan baja o tan monótona, como cuando se ocupa con el presente".
> — Walter Savage Landor

El principio "oculto" del éxito:

Todos los eventos están basados en el presente o en el futuro; te llevarán al futuro o te mantendrán en el presente.

Asegúrate de estar en el "bus" indicado.

Mira por la ventana. ¿El paisaje está cambiando, o tu bus (tu vida) se está moviendo en círculos?

Si no está cambiando, bájate del bus. Sólo porque te estás moviendo (trabajando duro y manteniéndote ocupado) no quiere decir que te estás dirigiendo hacia el lugar adecuado.

"Lo más importante en este mundo no es dónde estás parado, sino en qué dirección te estás moviendo".
— Oliver Wendell Holmes

Sólo el bus indicado te llevará al lugar indicado.

Sólo los eventos basados en el futuro crearán tu futuro deseado.

El principio "oculto" del éxito ya no estará más "oculto" para ti, el lector. La única pregunta que queda es: "¿Ignorarás este descubrimiento, o lo aprovecharás?"

CAPÍTULO DOS

Comenzando con el "Sistema A.E.P."

"Cada problema que resolví se convirtió en una norma que posteriormente sirvió para solucionar otro problema".
— RENÉ DESCARTES

Para comenzar con el Sistema A.E.P., primero debemos hacer una lista de los diferentes eventos o actividades que realizamos en la actualidad de forma regular.

Un "evento" es cualquier actividad que realizas para la que te gustaría tener tiempo. Sin importar cuánto de él se requiera.

> "El que tiene paciencia puede tener lo que desea".
> — Benjamín Franklin

A medida que comiences a hacer tu lista, tendrás la tentación de incluir otros eventos que no estás realizando en la actualidad pero que te gustaría hacer. ¡NO CEDAS! Sólo incluye en la lista las cosas que estás haciendo en el presente de forma diaria, semanal o mensual.

Puedes añadir más cosas al Sistema A.E.P. de forma gradual a medida que te sientas más cómodo con el proceso. Entonces, haz la lista de tus eventos en una hoja de papel aparte.

Aquí hay unas sugerencias que pueden ayudarte a recordar:

- Salud
  - › Comidas - desayuno, almuerzo, cena
  - › Ejercicio

- Espiritual
  - › Iglesia
  - › Tiempo de oración
  - › Trabajo voluntario

- Personal
  - › Leer afirmaciones
  - › Pasatiempos - leer, aprender un idioma, bailar, pintura, música, deportes, etc.
  - › Comprar alimentos
  - › Podar el césped
  - › Limpiar la casa
  - › Lavar la ropa
  - › Sacar a caminar al perro
  - › Trámites
  - › Ver televisión

- Financiero
  - › Lugar de trabajo (empleo o empresa)
  - › Educación superior - Estudiar de noche para aumentar mi nivel laboral (ejemplo, un MBA)
  - › Actividades de medio tiempo para crear una empresa: hacer llamadas a clientes potenciales, escuchar audios motivacionales y educacionales, leer libros, asistir a seminarios, hacer presentaciones.

- Relaciones
  - › Padres
  - › Cónyuge
  - › Hijos
  - › Tiempo en familia

Después de haber finalizado tu lista, identifica ÚNICAMENTE los eventos basados en el futuro. Todos los demás automáticamente serán eventos basados en el presente. Recuerda, los eventos basados en el futuro son los ÚNICOS que pueden y harán un cambio en tu vida y estilo de vida presente, y crearán un nuevo y mejor futuro.

El siguiente ejemplo muestra la misma lista pero ahora los eventos basados en el futuro han sido resaltados en **negrilla**:

- Salud
  - › Comidas - desayuno, almuerzo, cena
  - › **Ejercicio**

- Espiritual
  - › Iglesia
  - › **Tiempo de oración**
  - › Trabajo voluntario

- Personal
  - › **Leer afirmaciones**
  - › Pasatiempos - leer, aprender un idioma, bailar, pintura, música, deportes, etc.
  - › Compras de alimentos
  - › Podar el césped
  - › Limpiar la casa
  - › Lavar la ropa
  - › Sacar a caminar al perro
  - › Trámites
  - › Ver televisión

"No deberías vivir de una forma en privado y de otra en público".
— Publio Siro

- <u>Financiero</u>
  - › Lugar de trabajo (empleo o empresa)
  - › Educación superior - **estudiar de noche para incrementar el nivel laboral (por ejemplo, un MBA)**
  - › Actividades de medio tiempo para crear una empresa: **hacer llamadas a clientes potenciales,** escuchar audios motivacionales y educacionales, leer libros, asistir a seminarios, hacer presentaciones.
  - › Relaciones
  - › Padres
  - › Cónyuge
  - › Hijos
  - › **Tiempo en familia**

Ahora que has creado tu lista de eventos e identificado los que son basados en el futuro en cada área de tu vida, estás listo para ingresarlos en la "Plantilla diaria del Sistema A.E.P." presentada a continuación.

"El gusto es la única moralidad. Dime qué te gusta y te diré quién eres".
— John Rankin

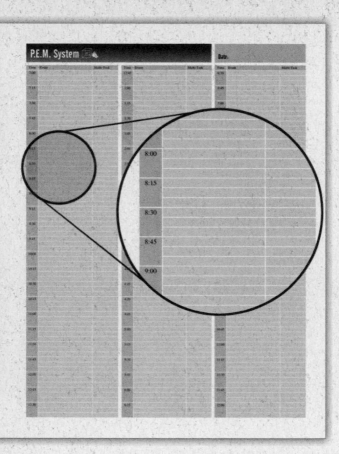

"Usa bien tu tiempo si planeas obtener placer".

— Benjamín Franklin

Las anteriores "Plantillas diarias" están incluidas en el "Planeador del Sistema A.E.P.".

CAPÍTULO TRES

Introduciendo información en el "Sistema A.E.P."

"El que ha comenzado ya ha hecho la mitad.
Atrévete a ser sabio; comienza".
— HORACIO

Antes de comenzar a introducir información en el Sistema A.E.P. debes tener la mentalidad correcta. Si tienes la mentalidad de un perfeccionista, esperando tener todo correctamente registrado en tu primer intento, estarás muy frustrado.

Entiende que este es un proceso evolutivo de auto-descubrimiento. Estarás aprendiendo muchas cosas acerca de ti mismo y de cómo realmente funcionas a diario.

A medida que continúes usando diariamente el Sistema A.E.P., necesitarás hacer constantes ajustes menores, así que prepárate para hacerlo.

Además de los eventos basados en el presente y en el futuro, hay otros dos tipos de eventos que son muy importantes y que debemos cubrir aquí: Eventos "Fijos" y "Flexibles".

"Aquél que cada mañana planea las actividades del día y sigue ese plan, lleva un hilo que lo guiará por el laberinto de la vida más productiva. Pero donde no se traza un plan, donde la disposición de tiempo se rinde meramente a la probabilidad de incidencia, el caos reinará en breve".

— Víctor Hugo

Los eventos fijos incluyen actividades como ir a trabajar. Ahí no tienes flexibilidad. Debes dejar tu casa a una hora específica a fin de llegar a tu trabajo, permanecer ahí por un periodo de tiempo y luego salir a cierta hora.

La única flexibilidad que la mayoría de personas puede tener durante el trabajo es en la hora de almuerzo y eso depende de cuánto tiempo tengan para almorzar. Media hora, no da mucho tiempo más que para comer. Sin embargo, una hora de almuerzo puede dar algo de flexibilidad para hacer otras cosas.

Otro ejemplo de un evento fijo puede ser sacar tu perro a pasear a las 7:00 a.m. todos los días. Este es un evento fijo porque de otra forma ¡hará sus necesidades en tu casa!

Únicamente durante esta semana introduce tus eventos fijos en tu "Planeador de Sistema A.E.P."

Este es un ejemplo de una planilla que sólo incluye los eventos "fijos":

Plantilla diaria mostrando
ÚNICAMENTE eventos "fijos"

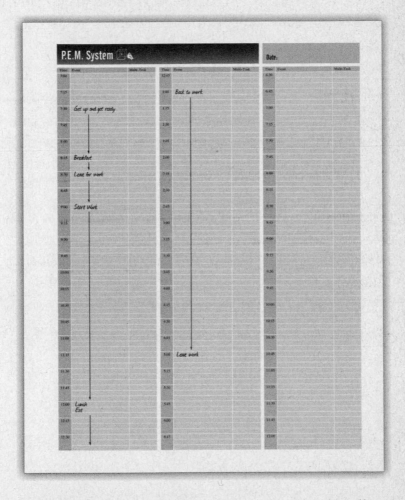

Todo el espacio en blanco que ves en la plantilla es considerado como tiempo "flexible". Lo que elijas hacer en ese tiempo determinará tu futuro.

Ahora procede a ingresar ÚNICAMENTE tus eventos basados en el futuro en cada plantilla para los siguientes días. El tiempo que le dediques a un evento en particular depende de ti. Es TU futuro.

"Haz todos los días algo que no quieras hacer".
— Mark Twain

Después de sólo unos días de usar el Sistema A.E.P., la mayoría de personas queda absolutamente sorprendida de ver cuánto tiempo de su vida diaria era desperdiciado en eventos que no hacían nada para su futuro.

El secreto por el cual el Sistema A.E.P. funciona tan bien es que te concentra primero en lo que es importante. Siempre introduce primero aquello que crea tu futuro, luego acomoda todo lo demás en el resto del espacio disponible.

Ahora introduce tus eventos basados en el presente en cada espacio de tiempo restante o en las columnas de múltiples tareas. Haz esto también en los siguientes siete días. No es tan fácil como te lo imaginas. Requerirá algo de organización y mucha paciencia, pero a largo plazo valdrá la pena.

Habrá muchas veces en las que sentirás que sencillamente no hay suficiente tiempo en un día para acomodar todos los eventos que te gustaría hacer. Cuando te sientas así, debes entender que no te debes ceñir a la "norma" de eventos diarios, semanales y mensuales. Comienza primero haciendo un listado de todo aquello para lo que te gustaría tener tiempo y luego destina el tiempo apropiado para cada uno de los eventos según el nivel de prioridad.

Por ejemplo, puedes realizar un evento cada dos días, cada diez días, cada dos semanas o mensualmente. De esta manera todavía puedes realizar el evento y no sentirte culpable de no sacar tiempo para el mismo.

> "Una persona inteligente soluciona un problema, una persona sabia lo evita".
> — Albert Einstein

También habrá actividades especiales que te gustaría realizar, como pintar, escribir canciones o practicar piano. Sin embargo, rara vez tomarás tiempo para hacer estas cosas porque cuando lo haces te sientes culpable por estar desperdiciando el tiempo en algo que no mejorará tu futuro, así estas actividades en particular te hagan sentir muy bien e incluso ¡te energicen!

Asegúrate de poner esta clase de eventos en tu Sistema A.E.P. y de participar en ellos una vez al mes. Por lo menos te sentirás muy bien por estar haciendo algo que te encanta hacer.

Siempre debes tomar tiempo para las cosas pequeñas que te hacen sentir bien y te dan paz. Hacerlas elevará tu espíritu y te ayudará a ser más efectivo y productivo en todo lo demás que hagas. Realizar estos eventos especiales también hará que seas una persona agradable con la que otros quieren compartir.

Hace cerca de un año estaba leyendo un libro que se concentraba en el tema de "pasiones escondidas y sueños que se desvanecen". El autor decía que muchas personas viven sin nunca hacer lo que realmente quieren. Nunca toman tiempo para las cosas que los apasionan. Él sugería preguntarle a tu cónyuge sobre qué es lo que más le gusta hacer para divertirse, ¿qué lo hace feliz? Luego, cuando te conteste, debes asegurarte de tomar el tiempo para hacerlo con él o ella porque eso traerá gozo a la relación.

> "El éxito no es la clave de la felicidad. La felicidad es la clave del éxito. Si amas lo que estás haciendo, vas a tener éxito".
>
> — Albert Schweitzer

Decidí hacerlo, pero antes de preguntarle a mi esposa, traté de adivinar lo que creía que ella diría; adiviné que sería "bailar". Luego le pregunté. Ella dijo, "Bailar salsa, ¿por qué?" Yo dije, "Ah sólo tenía curiosidad". Al alejarme comencé a darme cuenta lo tonto que había sido por preguntárselo. ¡Odio bailar! Comencé a sentirme mareado. Sabía que no debí haberle preguntado, especialmente conociendo cuál iba a ser su respuesta. ¿Cuán tonto fui? Ahora tenía que tomar una decisión. Contribuir para la felicidad de mi esposa tomando clases de salsa con ella, o sólo ignorar lo que había dicho.

No podía ignorarlo. Es decir, qué clase de esposo sería, especialmente ahora, si ignoraba lo que la hace feliz. Así que me inscribí junto con ella para tomar clases de salsa. Cuando le dije, ella se estaba "enloqueciendo", de buena manera.

En nuestra primera clase, no podía creer la mirada en su rostro, el gozo en sus ojos al entrar a la pista de baile no tenía precio.

Pensé para mis adentros, qué clase de esposo sería si hubiera pospuesto aquello que le daría tanta alegría a mi esposa. A propósito, nuestras clases de baile ahora están en mi Sistema A.E.P. como un evento fijo semanal, bailar se convirtió en algo divertido y no tan "intimidante" como pensé que sería.

> "Cada amigo representa un mundo en nosotros, un mundo posiblemente no nacido hasta que ellos llegan y es sólo por conocerlos que nace ese nuevo mundo".
> — Anais Nin

A propósito, es muy importante que programes la mayor cantidad de eventos por día con anticipación, preferiblemente con una semana de anticipación. Si te encuentras llenando tu plantilla de Sistema A.E.P. en la mañana de un día en especial, tu programación para el día estará influenciada por tu "estado de ánimo en ese momento" y no serás tan productivo como podrías haberlo sido. El Sistema A.E.P. está diseñado para permitirte organizar y priorizar tus eventos diarios sin la influencia de tus emociones.

"El hombre que menos depende del día de mañana, se encontrará con ese día con más ánimo".
— Epicuro

Tan pronto domines el Sistema A.E.P. llegarás a la misma conclusión que muchos otros...

"HAY" tiempo para cada cosa importante en mi vida.

CAPÍTULO CUATRO

Mata a tu "gigante" o duerme con él

"Siempre haz primero aquello
que creará tu futuro".
— TERRY GOGNA

El "gigante" es un evento basado en el futuro que sabemos que DEBEMOS realizar con frecuencia a fin de crear el futuro que deseamos, pero nos sentimos incómodos haciéndolo y constantemente buscamos motivos para resistirnos a hacerlo en ese momento.

En general procrastinamos porque sabemos que no hay recompensa inmediata por hacerlo ahora y no hay consecuencias dolorosas inmediatas por NO hacerlo ahora. No hay gratificación inmediata y no nos lastimará si lo dejamos para después.

> "El ánimo que deseamos y atesoramos no es el valor para morir dignamente sino para vivir valientemente".
> — Thomas Carlyle

Sin embargo, cada vez que procrastinamos, crece nuestra culpa por no hacerlo y nos sentimos peor. Esto a su vez disminuye nuestra motivación e incentivo para hacer las otras cosas que también debemos hacer. Es un ciclo descendente de desespero y desánimo.

Entonces, ¿cuál es la solución?

La solución es la Técnica "MCR"

1. Desarrolla la Mentalidad correcta

2. Crea una Consecuencia

3. Crea una Recompensa

1. Siempre concéntrate en eliminar primero a tu gigante, lo más temprano posible del día, mientras estás más fuerte. Entre más dejes que pase el tiempo para vencer a tu gigante, más débil estarás y más difícil será.

Afirma éstas palabras repetidamente y programa tu mente con ellas:

"Siempre hago primero lo que creará mi futuro".

2. Debes entender, en el fondo de tu ser, este hecho absoluto: Tú eliges VENCER a tu gigante, o eliges DORMIR con tu gigante.

Es TU elección.

Al comienzo de cada día, tu gigante saltará y se trepará sobre tu espalda, con sus brazos alrededor de tu cuello y sus piernas fuertemente envueltas alrededor de tu cintura. Si no lo quitas de tu espalda tan pronto como puedas, te agotarás a ti mismo, arrastrándolo contigo a donde quiera que vayas.

Si no te lo quitas a la hora de dormir, él se acostará contigo en tu cama. El gigante en la cama representa la culpa que sentirás por no hacer lo que sabes que debiste haber hecho. Él seguirá en tu espalda al momento de acostarte. Mientras te acomodas y te volteas, él sigue ahí, acomodándose y volteándose contigo. Imagina la clase de sueño que tendrás con él ahí toda la noche.

Con suerte, tener que dormir con tu gigante ahora sí será una consecuencia lo suficientemente grande para motivarte a eliminarlo ¡antes de irte a acostar!

> "Se requiere valor para ver lo correcto y no hacerlo".
> — Confucio

3. Si programas eliminar tu gigante después de cenar y no funciona para ti, cámbialo. Programa la recompensa de "comeré sólo hasta cuando elimine a mi gigante". Ahora tienes una recompensa inmediata para eliminarlo. Sé creativo y piensa en tus propias soluciones de "recompensa" personal.

Quisiera haber sabido de este gigante cuando estaba en la escuela. Siempre dejé mi tarea y el estudiar para exámenes para el último momento; pensando que siempre podría atiborrarlo todo.

Cuando cumplí diecisiete años, una de las materias que tomé fue "Matemática y Estadística". La odiaba con pasión así que siempre la dejaba para el último minuto. El día antes de mi examen final llegué a casa como a las 4:00 p.m. después de mis clases y decidí quedarme despierto toda la noche para estudiar. Me puse la meta de acostarme a las 6:00 p.m. y levantarme a media noche. Entonces, como lo planeé, me acosté a las 6:00 p.m.

> "Dios está dispuesto a actuar, para verterse dentro de ti tan pronto como te encuentre listo".
> — Meister Eckhart

y me desperté a media noche bajé a la cocina donde planeaba estudiar. La casa se sentía escalofriante y callada como un cementerio. Todos estaban durmiendo silenciosamente en sus camas excepto yo.

Antes de comenzar a estudiar decidí hacerme algo de té. Me convencí de que esa taza de té me refrescaría antes de empezar a repasar. Luego comencé a estudiar.

Abrí una gruesa carpeta llena de notas de Matemáticas de todo un año. Miré fijamente la primera página por cerca de treinta segundos a pesar de estar en las nubes y luego, lentamente pasé la página. En ese mismo instante comencé a sentir un sudor frío en mi cara. Mi corazón comenzó a latir más rápido y mi estómago comenzó a retorcerse. Mi mente comenzó a dar vueltas. Podía escuchar cincuenta mil voces en mi cabeza gritando ecuaciones. Era como una orquesta fuera de ritmo llegando a las notas finales. El ruido era dolorosamente alto. De repente hubo silencio. Me levanté, cerré con fuerza mi carpeta con total frustración e ira, la tiré al otro lado de la habitación lo más fuerte que pude. Cayó contra el piso y explotó. Todos los papeles salieron volando por todas partes. Me sentía enfermo del estómago. Pero logré no llorar. Sólo retuve las lágrimas con mi frustración y desánimo. Seguía preguntándome, "¿por qué dejé el repasar para tan tarde?"

"¿Por qué no estudié antes en la semana?"... Me sentía un perdedor.

> "Aprende a ver en las calamidades de otros, los padecimientos que deberías evitar"
> — Publio Siro

Durante los siguientes minutos, simplemente me senté paralizado ante la mesa. El silencio era ensordecedor. Mi mente estaba tan exhausta de pelear esta batalla mental. Cuando se trataba de estudiar me dedicaba a procrastinar.

Cuando finalmente recobré mi compostura, comencé a reunir los papeles, apagué las luces y volví a dormir. Eran las 12:45 a.m.

A la mañana siguiente me despertaron golpes fuertes y gritos: "Vas a llegar tarde a la escuela". Era mi madre. Ella tenía pánico de que yo faltara a mi examen, el cual era de nivel "A", uno de los más importantes en mi vida pues determinaba si calificaba o no para la universidad. Mi respuesta fue un grito del otro lado de la puerta asegurada: "¡No voy a ir!"

... No fue un buen día.

> "Si he perdido la confianza en mí mismo, tengo a todo el universo en mi contra".
> — Ralph Waldo Emerson

No sabía nada acerca de manejar eventos. No tenía idea de cómo eliminar al "gigante". No sabía cómo alcanzar a hacer todo lo que debía hacer. Todo lo que sabía era que com-

"Un tonto siempre está haciendo y aún le queda mucho por hacer".

— Lao Tzu

pulsivamente me dedicaba a posponer y finalmente eso me alcanzó.

Sabía que tenía talento, pero también sabía que ese talento no era suficiente.

Fracasé miserablemente porque no pude hacer todo lo que debía hacer. Sabía que si alguna vez iba a lograr algo, más me valía aprender a solucionar este problema de posponerlo todo.

"El posponer es una enfermedad invisible que toma a una persona talentosa con gran potencial y con el tiempo lentamente la convierte, golpe tras golpe, en un completo y total fracaso".

CAPÍTULO CINCO

SIEMPRE hay tiempo para CADA cosa importante en tu vida

"Cuando uno tiene mucho que guardar,
un día tiene cientos de bolsillos".
— FRIEDRICH NIETZSCHE

Imagina que te estás preparando para una reunión importante en el trabajo y tu hijo te pide que juegues a lanzar la pelota con él. ¿Dirías "No tengo tiempo en este momento"?

Imagina que estás a punto de salir para una reunión y tu esposa te pide que compres algo de leche y la traigas a casa antes de salir a tu reunión. ¿Dirías "No tengo tiempo en este momento"?

¿En realidad es eso cierto?

Imagina que estás en una reunión muy importante y tienes la urgencia de utilizar el baño. Todos hemos estado en esa situación. Sabes que tienes que ir de inmediato. ¿Qué haces? ¿Dirías "No tengo tiempo en este momento"? Esto demuestra que todos tenemos tiempo para hacer lo que queremos hacer mientras sea lo suficientemente importante para nosotros.

> "Es mejor permitir que nuestras vidas hablen por nosotros, en lugar que nuestras palabras".
> — Mohandas Gandhi

Nunca te digas "No tengo tiempo". En lugar de eso dile a ti mismo, "No es un evento tan importante en este momento como para justificar separarle tiempo ahora". En otras palabras, no lo consideras un evento prioritario en este momento.

Imagina que son las 8:00 p.m. de un lunes en la noche y Mary está por hacer unas llamadas a sus clientes potenciales para su empresa. De repente su hija de siete años le pide que juegue con ella. Mary no quiere decepcionar a su hija y desea ser una buena madre, así que deja todo y decide jugar.

> "El fracaso es el camino de menor resistencia".
> — Sir James Matthew Barrie

Cuando ha terminado de jugar Mary observa que son las 9:30 p.m. y ahora es demasiado tarde para hacer cualquier llamada así que decide posponer el hacer llamadas para el siguiente día.

Ahora es martes y son las 8:00 p.m. y Mary está por hacer unas llamadas a los clientes potenciales para su empresa. Suena el teléfono y ve en el "identificador de llamadas" que es una amiga la que está llamando. En lugar de dejar que la contestadora reciba la llamada, se convence de que puede ser importante y contesta. Cuando finalmente termina la llamada, observa que son las 9:30 p.m. y de nuevo es demasiado tarde para hacer cualquier llamada así que decide posponer el hacer llamadas para su empresa. Se dice a sí misma "Mañana haré el doble de llamadas". ...¿Qué está sucediendo aquí?

Mary no observa que ha renunciado a controlar los eventos de su vida, las interrupciones, las distracciones y sus emociones están controlando los eventos de la vida de Mary.

Mary, como un bote de vela sin timón, está dirigida por el viento. Cuando el viento sopla del este, el bote (Mary) se mueve hacia el oeste. Cuando el viento sopla del oeste, el bote

> "Siempre hay tiempo para cada cosa importante en tu vida".
> — Terry Gogna

(Mary) se mueve hacia el este. Pero un día en el futuro cercano, cuando el viento finalmente deje de soplar por un momento, Mary tristemente entenderá que no está nada cerca de donde realmente quería estar a la edad en la que está ahora.

La única pregunta es si ella sabrá por qué no está donde quería estar o si simplemente dirá en medio de su pena: "¿Cómo puede pasar esto; me esfuerzo tanto, siempre estoy tan ocupada, por qué no estoy más adelante en mi vida?"

Es por esto que el "Sistema de administración de eventos por prioridad" es tan importante para nuestro éxito en la vida: éste prioriza y luego ordena los eventos de tal forma que siempre tenemos tiempo para hacer las cosas que DEBERÍAMOS estar haciendo.

No tenemos que decir "No tengo tiempo" y no tenemos que permitir que las interrupciones inesperadas se hagan cargo de nuestra vida.

Espejito, espejito, ¿terminaré este papeleo antes de que esté muy cansadito?

¿Alguna vez te has dicho esto a ti mismo?

"Permíteme sólo quitarme de encima estos papeles y luego mi mente estará libre para poder concentrarme en el trabajo real".

> "Nuestro conocimiento es el pensamiento acumulado y la experiencia de innumerables mentes".
> — Ralph Waldo Emerson

No dejes que esta GRAN MENTIRA te absorba.

El papeleo nunca termina, sólo cambia de cara. Como un monstruo de muchas cabezas, cuando piensas que has ganado al cortarle la cabeza, otra crece en su lugar.

El papeleo es como el TIEMPO, siempre existe, así tú existas o no.

Entonces, ¿cuál es la solución?

No desperdicies tu tiempo ordenando papeles TODOS LOS DÍAS. Sólo haz lo que debes hacer hoy. De otra forma te hallarás en la trampa de tratar de terminar algo que no termina.

Una vez por semana, separa una cantidad específica de tiempo para terminar el papeleo que tienes acumulado para la semana. Usualmente veinte a treinta minutos serán suficiente tiempo para reducir la mayoría de montones de papeles.

Una solución para papeleo disperso:

1. Consigue una carpeta "tipo acordeón" con varios compartimientos.

2. Numera cada compartimiento de uno a treinta y uno, por los días del mes.

3. Pon en ella, ÚNICA-MENTE los papeles que tienen una fecha límite en ellos. Pon los papeles en el compartimiento del día apropiado. Ahora, no tendrás que revolver papeles hasta el día que los necesites.

> "Siempre estoy haciendo lo que no puedo hacer a fin de aprender cómo hacerlo".
> — Pablo Picasso

4. Obtén una caja o bandeja de oficina y pon en ella todos los papeles restantes que no tienen fecha límite, además de todo el papeleo que quieres completar durante tu siguiente día semanal dedicado a hacer ese trabajo. Ahora has liberado más tiempo para utilizarlo en cosas importantes en lugar de revolver los MISMOS papeles todos los días.

"¿Amor, puedes arreglar el...?"

¿Alguna vez has escuchado a un hombre decir: "Mi esposa todo el tiempo me molesta con cosas que hay que hacer en la casa y yo todo el tiempo las pospongo"?

> "Primero aprende el significado de lo que dices, y luego habla".
> — Epíteto

La verdadera razón por la cual la mayoría de hombres pospone trabajos en casa es porque sienten que tomará mucho de su "valioso" tiempo de relajación o diversión del fin de semana. Y pueden vivir sin terminar "todo" lo que hay que terminar; en realidad no les molesta mucho verlo sin terminar.

Sin embargo, amigos, debemos entender que cada vez que nuestras esposas ven ese trabajo sin terminar en casa, eso les quita energía. Definitivamente, sentiremos las consecuencias de esta "energía desgastada" en otras áreas de nuestra relación.

...¡Si saben a qué me refiero!

Es muy importante entender que la mayoría de esposas quiere sentirse bien en su casa. Es cuestión de "orgullo de pertenencia".

El ambiente de casa las completa y les da gozo y paz interior, mientras todo esté terminado.

Solución para hombres:

Separa algo de tiempo muy temprano en el día, por ejemplo a las 8:00 a.m. del sábado, cuando normalmente estás durmiendo. Si lo haces lo suficientemente temprano, parecerá que no has usado ninguna parte de tu sábado normal para hacerlo.

<u>Solución para mujeres:</u>

Pedirle a alguien que haga algo de forma repetida es "quejarse". Deja de quejarte con tu esposo TODOS los fines de semana. No es bueno para ninguno de los dos; sencillamente define una fecha y hora con él y ESCRÍBELA en su planeador del Sistema A.E.P. Eso es todo ¡ya está!

> "Cuando surja la ira, piensa en las consecuencias".
> — Confucio

CAPÍTULO SEIS

Estás en una guerra y el campo de batalla está en tu cabeza

"Los hombres no son prisioneros del destino, sino prisioneros de sus propias mentes".
— FRANKLIN D. ROOSEVELT

Las semillas de nuestro futuro son eventos basados en el futuro que debemos realizar cada día. Si no sembramos las semillas a diario, no tendremos nada que esperar en el futuro.

Debemos adoptar la idea de que estamos en una "guerra mental". Cada día es una batalla contra las fuerzas aleatorias que se concentran en matar nuestras semillas. La pregunta que debemos hacer cada día es: "¿Quién ganará la batalla de hoy?"

> "Estimamos muy poco aquello que obtenemos barato".
> — Thomas Paine

¿Cuáles son las fuerzas que tratarán de matar las semillas de nuestro futuro?

Primero, entiende que estas fuerzas no son unísonas; no actúan unidas como una sola. Son fuerzas aleatorias individuales que no tienen orden pero pueden destruir nuestro futuro si no estamos preparados para cada uno de sus ataques.

Antes de poder ganar la guerra (alcanzar el futuro que deseamos), debemos ganar las batallas diarias y entender las armas que se usarán contra nosotros:

- Distracciones

- Interrupciones

- Cambios de ánimo

- Adversidades

Cuando hayas planeado tu día introduciendo tus eventos basados en el futuro y en el presente en tu Sistema A.E.P., alístate para "defender tu espacio". Asegúrate de estar consciente de las diferentes clases de enemigos que pueden atacarte en cualquier momento del día y desviarte del camino.

Toma un trozo de papel ahora mismo y haz una lista de posibles ataques contra los que debes estar listo.

Estas son algunas sugerencias para considerar:

Posibles ataques/distracciones

1. Llamadas entrantes

2. Correo electrónico

3. Navegación por internet

4. Mensajería instantánea MSN

5. Papeleo

6. "Déjame limpiar un poco primero"

7. Televisión

8. Un impulso para tomar un descanso y una merienda

9. "No estoy de ánimo"

10. Un impulso a "empezar de ceros mañana" dejando todo y reprogramando todos tus eventos diarios para el día siguiente

> "El verdadero éxito es estar en paz con el estrés".
> — Terry Gogna

11. "Se está haciendo tarde; debería irme a dormir porque mañana me levantaré temprano y no quiero estar cansado en el trabajo"

12. "Creo que dormiré un poco más, siempre puedo ponerme al día después"

13. Alguien te pide hacer algo

14. Un invitado inesperado

15. Una emergencia legítima

Ahora prepara una lista de contraataques para cada uno de los posibles ataques o distracciones. Estas son algunas sugerencias:

Contraataques y formas de evitar ser atacado o distraído:

1. Llamadas entrantes

"Todo hombre vale tanto como las cosas con las que se ocupa".
— Marco Aurelio

Cuando suene el teléfono, especialmente durante un evento basado en el futuro, no lo contestes personalmente; deja que la contestadora se encargue. Cuando entre el mensaje, revísalo y contesta SÓLO cuando tengas que hacerlo.

2. Correos electrónicos

Evita la tentación por completo al apagar tu computadora, por lo menos hasta que hayas terminado tu evento basado en el futuro.

3. Navegación por internet

Evita la tentación por completo al apagar tu computadora, por lo menos hasta que hayas terminado tu evento basado en el futuro.

4. Mensajería instantánea MSN

Evita la tentación por completo al apagar tu computadora, por lo menos hasta que hayas terminado tu evento basado en el futuro.

5. Papeleo

Separa tiempo para organizar tus papeles como un evento, de esta manera no interrumpirá otros eventos.

6. "Déjame limpiar un poco primero"

Si no puedes hacerlo en treinta segundos, déjalo así.

7. Televisión

Separa tiempo para ver televisión como un evento, no dejes que sea una tentación.

8. Un impulso para tomar un descanso y una merienda

Por anticipado programa tus descansos en tu sistema A.E.P., luego sigue tu plan y no cedas a tus emociones para cambiarlo durante el día.

9. "No estoy de ánimo"

No cedas, ignóralo. Sólo durará un minuto más o menos. Te alegrará haber luchado y ganado.

10. Un impulso a "empezar de ceros mañana" dejando todo y cambiando todos tus eventos diarios para mañana.

Lucha contra esto con todo lo que tengas. Esto es posponer y es peor. Hacer esto es completamente innecesario. Comenzar de nuevo mañana no

> "La vida sin examinar no vale la pena vivirla".
> — Sócrates

> "Estar desgastado es estar renovado".
> — Lao-tzu

hace las cosas más fáciles de repente, especialmente sabiendo que cediste el día anterior. Esto ahora es una prueba de "resistencia y propósito".

Debes ceñirte a tu plan de juego original y demostrarte a ti mismo que tienes la tenacidad para hacer lo que dijiste que harías sin rendirte.

11. "Se está haciendo tarde; debería irme a dormir porque mañana me levantaré temprano y no quiero estar cansado en el trabajo".

Es una mentira, deja de escucharte a ti mismo. Si fueras mañana para Hawái no te importaría la falta de sueño. Cíñete al plan y sigue tus eventos planeados en tu Sistema A.E.P.

12. "Creo que dormiré un poco más, siempre puedo ponerme al día después"

Haz algo, lo que sea, pero sal de esa cama antes de que caigas en el siguiente "ciclo de sueño profundo". Es una trampa. Lucha contra la tentación de dormir hasta tarde con todo lo que tengas. Cuando hayas salido de la cama, lávate la cara de inmediato. En diez segundos o menos te sentirás perfectamente bien y verás que tu "cuerpo" te estaba mintiendo; no necesitabas dormir más.

13. Alguien te pide hacer algo

Mira en tu planeador y dale a la persona una fecha en la que puedas atender su solicitud.

14. Un invitado inesperado

Pídele a alguien que abra la puerta por ti.

15. Una emergencia legítima

¿Qué tan bueno eres recuperándote; retomando el camino cuando eres forzado a salirte? ¿Qué tan rápido puedes ponerte en acción "El juego del Plan B"? Mientras no seas bueno recuperándote, tendrás que "recibir el golpe" y sufrir las consecuencias, cualesquiera que sean.

> "Nada le da a una persona más ventaja sobre otra, que siempre permanecer tranquila y calmada bajo todas las circunstancias".
> — Thomas Jefferson

Te recomendaría poner esta lista de posibles ataques o distracciones en un sitio visible en la pared de tu oficina. Préstales mucha atención, especialmente cuando estás realizando tus eventos basados en el futuro.

CAPÍTULO SIETE

Auto-descubrimiento

*"Un pensador ve sus propias acciones como experimentos;
como intentos para encontrar algo. El éxito y el fracaso,
por encima de todo, son respuestas para él".*
— FRIEDRICH NIETZSCHE

Además de ser un planeador y organizador de prioridades, el Sistema A.E.P. también es una herramienta de autodescubrimiento que te permitirá aprender mucho sobre ti y sobre tus hábitos laborales.

Por ejemplo, digamos que decides ponerte serio respecto a hacer ejercicio. Entonces planeas levantarte todas las mañanas a las 6:00 a.m. antes de ir a trabajar para hacer ejercicio por una hora. Después de dos días te rindes porque simplemente no está funcionando; no puedes levantarte de la cama a las 6:00 a.m., así que te dices a ti mismo: "Sencillamente hacer ejercicio no es para mí. Supongo que nunca estaré en forma".

> "El que conoce a otros es sabio; el que se conoce a sí mismo es iluminado".
> — Lao-tzu

Seis meses después estás viendo televisión hasta tarde en la noche y ves un programa sobre los beneficios de un programa de ejercicios. Quedas muy entusiasmado y decides retomar tus ejercicios.

Te convences de que esta vez será diferente porque no vas a programarlo temprano en la mañana sino que vas a hacer ejercicio como tu última actividad del día antes de ir a dormir.

<blockquote>
"La peor soledad es no estar cómodo contigo mismo".
— Mark Twain
</blockquote>

Dos días después vuelves a renunciar porque estás muy cansado para hacer ejercicio antes de ir a dormir. Así que nuevamente, te dices a ti mismo: "Esto de hacer ejercicio sencillamente no es para mí. Supongo que debo olvidarme de estar en forma".

¿Cuál es la solución aquí?

La solución está en el Sistema A.E.P. Es sencilla pero no obvia.

No es que a esta persona no le guste ejercitarse o no quiera estar en forma. El hecho es que no puede mantener una rutina de ejercicios a las 6:00 a.m. o en la noche antes de acostarse; eso es todo, nada más.

Si una persona normalmente lucha para levantarse a las 6:00 a.m. y ahora decide levantarse a las 6:00 a.m. y hacer ejercicio, está buscando problemas serios, ahora tiene que lidiar con dos cosas que no le gustan.

La solución más simple es cambiar la hora de la rutina de ejercicio cuantas veces sea necesario, hasta que DESCUBRA la mejor hora para hacerlo.

Le mejor hora para ejercitarse está escondida en alguna parte del Sistema A.E.M. esperando ser descubierta. Podría ser a la hora de almuerzo, justo después del trabajo a las 5:00 p.m. o incluso en alguna parte de la noche.

Cada persona necesita usar el Sistema A.E.P. como una herramienta de autodescubrimiento y reorganizar todos los eventos que sean necesarios hasta que complete todos sus eventos "planeados" basados en el presente y en el futuro de manera regular.

El enfoque NO debe estar en rendirse ante un evento si no se está realizando, sino en ajustar el tiempo del evento HASTA que se realice.

CAPÍTULO OCHO

Todo tiene que ver con los "resultados"

"Generarás resultados según la amplitud de tu mentalidad".
— REV SUN MYUNG MOON

Si le das un trabajo a alguien con un tiempo límite de entrega de una hora cuando en realidad se puede hacer en cuarenta minutos, la mayoría de personas se tomará la hora completa para finalizar el trabajo porque eso es lo que se le dio.

Hay una frase que todos hemos escuchado una u otra vez...

"Si quieres que algo se haga, pídeselo a una persona ocupada".

Como los loros, la gente repite esa frase una y otra vez pero nunca se toman un momento para ver lo imprecisa que es.

> "Tus resultados son sólo la verdadera prueba de tus esfuerzos".
> — Terry Gogna

Aunque la mayoría de las personas exitosas son gente ocupada, hay muchas más personas "ocupadas y no exitosas" en el mundo. La principal razón de su fracaso es que están ocupadas haciendo todas las cosas equivocadas. Ocupadas apagando incendios. Ocupadas atendiendo a su vida presente, y muy ocupadas para sacar tiempo para hacer las cosas que les crearán un mejor futuro.

"Las alturas alcanzadas y conservadas por grandes hombres, no se lograron con vuelos repentinos sino por medio de trabajo duro en la noche mientras sus compañeros dormían".

— Henry Wadsworth Longfellow

Si quieres que algo se haga, pídele a alguien que sea bueno para hacer las cosas.

Tus resultados son tu única verdadera credibilidad.

La meta principal cada día debería ser, lograr hacer más en menos tiempo.

Para aumentar tus resultados hay dos preguntas que siempre deberías hacerte al final de cada día.

1. ¿Cómo podría haber hecho más durante el tiempo que tuve?

2. ¿Cómo podría haber sido más efectivo y haber obtenido mejores resultados, durante el tiempo que tuve?

¿Cómo puedo hacer más durante el tiempo que tengo?

Dos sugerencias:

1. Presiónate más

Igual como con ejercicios físicos en los que te esfuerzas para superar tu anterior marca, haz lo mismo estirándote cuando se trata de eventos diarios. Presiónate para levantarte quince minutos antes ciertos días, presiónate para acostarte quince minutos después y presiónate para finalizar las tareas más rápido de lo que las harías normalmente.

No tienes que hacerlo todo el tiempo pero por lo menos hazlo algunas veces para que puedas aumentar tu "resistencia" de efectividad y productividad.

Una vez le preguntaron a un sabio: "¿Cuánto tiempo quiere vivir realmente?" Su respuesta fue: "Mientras esté saludable, me gustaría vivir más o menos ciento veinte años, tengo muchas cosas que quiero lograr en esta tierra antes de tener que irme".

Si supieras el día exacto y la hora en la que dejarás esta tierra, ¿cuán precioso sería cada día y hora para ti, sabiendo que cada día y hora que pasa se ha ido para siempre y te acerca más a aquel día?

La única pregunta que queda por hacer es: ¿Qué hiciste con el día y la hora que acaban de pasar?

Imagina que tuvieras que ganarte tu tiempo en la tierra. Imagina que dependiendo de cómo usaras las horas de cada día, cuán productivo y efectivo fueras con tu tiempo y cómo

> "El mundo no te debe nada. Estaba aquí primero".
> — Mark Twain

las actividades que realizas no sólo te beneficiaran a ti sino también a otros; imagina que éstas fueran las cosas que determinaran si puedes o no vivir un día más.

¿Cómo vivirías ahora?

Imagina que Dios te hiciera esta pregunta:

"¿Por qué debería darte otro año o mes o semana o incluso otro día de vida en esta tierra? ¿Qué planeas hacer con él?"

2. Haz múltiples tareas cuando sea posible

> "Tus resultados, son tu única verdadera credibilidad".
> — Terry Gogna

La capacidad de hacer múltiples tareas es una excelente habilidad que podrías adquirir. Te permitirá hacer más en menos tiempo. Busca siempre maneras en las que puedas hacer múltiples tareas. Cuando lo hagas, te asombrará cuánto tiempo liberarás para ti.

A medida que introduces tus eventos en el Sistema A.E.P. siempre pregúntate cómo puedes hacer dos eventos al mismo tiempo.

Estas son algunas sugerencias:

- Escuchar audios educacionales: Mientras tomas la ducha, conduces o comes

- Revisar el buzón de voz: Mientras comes o "esperas"

- Revisar los correos electrónicos: Mientras comes o entre llamadas telefónicas

- Leer: Mientras "esperas" o entre llamadas telefónicas

Con práctica y concentración te asombrará lo bueno que te volverás haciendo múltiples tareas y cuánto más, podrás lograr, en un día.

> "No he fallado. Sólo he encontrado 10.000 formas que no funcionan".
> — Thomas Edison

Siempre me ha encantado esta linda afirmación de Mike Murdock:

"Los hombres fracasan debido a un enfoque errado".

Sin embargo, por mi experiencia, hoy tendería a inclinarme más hacia esta percepción:

No existe el enfoque errado. La gente siempre tiene el enfoque en algo. Sin embargo, fallan porque eligen concentrarse e invertir tiempo en las cosas erradas; cosas que NO crearán el futuro deseado.

CAPÍTULO NUEVE

La "distribución" de tu día

"Como si pudieras matarme sin herir la eternidad".
— HENRY DAVID THOREAU

L a distribución de tu día influirá grandemente en lo que logres durante el mismo.

Hay dos aspectos muy importantes a los que debes prestarle atención al elegir un planeador diario:

1. El "tamaño y el espacio" designados para cada día.

2. La "hora del día" escrita en cada línea a lo largo del día.

¿Cuántos eventos puedes introducir en un marco de dos pulgadas designado para uno de tus días de la semana?

Entre más pequeño sea el espacio designado para cada día, menos podrás hacer. No es sabio usar este tipo de herramienta para planear tu día si quieres ser productivo. No obstante, es bueno llevarla cuando sales; para buscar una fecha y usarla como "planeador y libreta de apuntes temporal", con la intención de transferir la información a tu planeador principal cuando llegues a casa.

> "Desperdicié tiempo, y ahora el tiempo no me desperdicia a mí"
> — William Shakespeare

La mayoría de planeadores que venden en papelerías tiene las "horas del día" escritas así:

8 _____

9 _____

10 _____

11 _____

12 _____

1 _____

2 _____

3 _____

4 _____

5 _____

6 _____

7 _____

A veces también verás las "horas del día" en segmentos de treinta minutos.

Esto es lo que está mal con la distribución en estos planeadores:

1. Principalmente están diseñados para tu ocupación durante el día y no para tu vida personal en la noche.

2. No puedes organizar ningún evento antes de las 8:00 a.m. o después de las 7:00 p.m. con esta distribución en particular.

3. Si escribes un evento que sólo te tomará diez minutos para finalizarlo en la línea de las 3:00 p.m., ¿qué pasa con el tiempo de las 3:10 p.m. hasta las 4:00 p.m.? No hay espacio para escribir un evento que quieres hacer a las 3:10 p.m. Este tipo de mala distribución te costará mucho tiempo perdido a lo largo del día.

> "¿Amas la vida? Entonces no derroches el tiempo, porque es la materia prima de la cual la vida está hecha".
> — Benjamín Franklin

4. Es muy difícil planear múltiples tareas con esta distribución.

5. No podrás medir y ver de un vistazo el tiempo sin usar en tu día con esta clase de distribución.

El "tiempo sin usar" es como un "tesoro escondido" en tu día. Primero debes encontrarlo antes de que tenga valor.

El flotador

Habrá momentos en los que tendrás un evento en particular que debes realizar en algún momento del día pero no sabes cuándo, así que no puedes escribirlo

> "Aprende a trabajar y a esperar".
> — Henry Wadsworth Longfellow

como un evento específico en tu Sistema A.E.P. Cuando esta situación surja, escribe el evento en un pequeño papel adhesivo y pégalo en tu "plantilla diaria del Sistema A.E.P." cerca de la hora en la que sientes que podrás hacerlo. El papel adhesivo es conocido como "El flotador". A medida que avance el día, mueve el flotador a la siguiente hora posible en la que crees que podrás realizar el evento. Si todavía no se puede hacer a esa hora, sigue moviéndolo hacia delante hasta que se haya realizado.

El principio de "un planeador"

Una persona con dos relojes en su muñeca nunca sabe cuál es la hora correcta.

Debes usar sólo UN planeador para organizar tu vida.

La única excepción sería si estás forzado a usar un planeador en tu trabajo, estrictamente para tu trabajo. En ese caso tendrías dos planeadores; uno que permanece en tu oficina para tu trabajo y otro que usas para tu vida personal después de horas laborales.

No deberías usar el calendario de tu nevera como tu planeador de eventos personales y laborales. Es un "tablero de anuncios". Toma lo que está ahí escrito y ponlo en el planeador del Sistema A.E.P.

En conclusión:

La gente planea su día de trabajo profesionalmente porque quieren alcanzar el éxito en su profesión.

"A fin de lograr un nivel de éxito importante en tu vida personal, debes planear tu vida personal de manera profesional".

"No sirve de nada decir 'Estamos haciendo lo mejor que podemos'. Tienes que tener éxito haciendo lo que es necesario".
— Winston Churchill

CAPÍTULO DIEZ

"Consejos sobre el Sistema A.E.P. para profesionales de ventas"

"Todo discurso es vano y vacío a menos que esté acompañado de acción".
— DEMÓSTENES

En la mayoría de compañías hacer llamadas a clientes potenciales es el principal método para generar nuevos negocios y el constante descuido en esta área siempre llevará a un fracaso eventual en los negocios.

Hacer las llamadas a clientes potenciales es el único evento más importante en el día de un profesional de ventas.

Si tu meta es hacer llamadas a clientes potenciales durante una hora, para ser productivo debes tener un número exacto de llamadas que pretendes lograr dentro de esa hora.

Asumamos que estás apuntando a hacer doce llamadas dentro de una hora.

> "No importa cuán lento vayas, mientras no te detengas".
> — Confucio

Primero:

Especifica la hora exacta en la que vas a hacer las llamadas, digamos que a las 7:00 p.m.

Segundo:

Directamente en la "Plantilla diaria del Sistema A.E.P." escribe el número de llamadas (12) que planeas lograr dentro de esa hora, como se presenta a continuación:

7:00	1		
	2		
	3		
7:15	4		
	5		
	6		
7:30	7		
	8		
	9		
7:45	10		
	11		
	12		

El propósito de esta plantilla es hacer que compitas contra el tiempo. Tienes cinco minutos para cada llamada. No hay tiempo para aplazar o celebrar; sigue avanzando y no pierdas de vista el tiempo.

Si sientes que puedes hacer más de doce llamadas dentro de una hora, puede que prefieras esta plantilla:

7:00	1	
	2	
	3	4
7:15	5	
	6	
	7	8
7:30	9	
	10	
	11	12
7:45	13	
	14	
	15	16

Recuerda siempre escribir tu objetivo de llamadas en la plantilla diaria del Sistema A.E.P. (como se muestra anteriormente) antes del día de las llamadas: especifica cuándo y cuántas llamadas quieres hacer.

Mantén un registro de tu MEJOR HORA y tu MEJOR DÍA

Tu MEJOR HORA es el número más elevado de llamadas a clientes potenciales que hayas hecho en una hora.

Tu MEJOR DÍA es el número más elevado de llamadas a clientes potenciales que hayas hecho en un día, sin importar cuándo hayas hecho esas llamadas.

> "Nunca le temas a la necesidad de negocios. A un hombre que se califica bien a sí mismo por su llamado, nunca le falta el empleo".
> — Thomas Jefferson

"No saber qué se ha negociado en los tiempos pasados es ser siempre un niño. Si no se hiciera uso de las labores de las eras pasadas, el mundo siempre permanecería en la infancia del conocimiento".

— Cicerón

Así como con el estado físico, la meta de ejercitarse es superar tu marca anterior, de la misma manera, cada vez que haces llamadas, ten como meta superar tu MEJOR HORA y tu MEJOR DÍA.

Esta mentalidad te concentrará en ser más efectivo y productivo cada vez que hagas llamadas.

Recuerda siempre que no puedes superar tu mejor marca a menos que sepas cuál es, así que siempre "ten presente tu número" y mantenlo al frente cuando hagas tus llamadas.

¿Qué aprendiste?

Cuando trazas una meta y la alcanzas, pocas veces aprendes algo.

Es cuando no alcanzas la meta o la superas que tienes la oportunidad de aprender cosas nuevas.

Así que no te desanimes cuando no alcances las metas que has trazado. Sólo entiende que todavía necesitas aprender ciertas cosas indispensables a fin de lograr el éxito que quieres alcanzar.

Mientras persistentemente estés aplicando un constante esfuerzo, es sólo cuestión de tiempo para que aprendas todas las lecciones necesarias y llegues a tu futuro deseado.

> "Déjame decirte el secreto que me ha llevado a mi meta. Mi fortaleza radica únicamente en mi tenacidad".
> — Louis Pasteur

Digamos que trazas una meta para la semana de hacer doce llamadas diarias a clientes potenciales. Al final de la semana revisas tus resultados y se ven así:

	Meta	Alcanzada
Lunes	12	12
Martes	12	6
Miércoles	12	20
Jueves	12	12
Viernes	12	12

A partir de la revisión semanal, es obvio que algo sucedió el martes porque sólo se hicieron seis llamadas. Ésta es una oportunidad ideal para aprender una lección muy valiosa.

En un trozo de papel aparte, escribe qué se interpuso en tu camino. ¿Exactamente qué te impidió alcanzar tu meta?

> "De error en error, se descubre toda la verdad".
> — Sigmund Freud

Hagas lo que hagas, no pierdas esa lista. Cada vez que no alcances tu meta, escribe exactamente qué fue lo que te hizo fallar, no importa qué haya sido: personas, sentimientos o situaciones. No importa, escríbelo.

Después de un par de semanas, al revisar esta lista, notarás algo muy extraño. La lista de cosas que te impiden alcanzar tu meta será corta porque siguen siendo las mismas cosas.

Quieres llegar al punto en el que todo está listado y no hay nada nuevo cada semana. El punto de este ejercicio es mostrarte que éstas son las únicas cosas que se interponen en tu camino para alcanzar tu futuro deseado. Tan pronto te hagas cargo de ellas, ganarás, lo habrás logrado. ... ¡Misión cumplida!

¿Qué hago con la lista?

Tan pronto como tengas un obstáculo en tu lista, debes trazar un plan de ataque:

1. ¿Qué puedes hacer para evitar que éste obstáculo surja de nuevo?

2. Si no puedes evitarlo, ¿cuál es la mejor forma de tratar con él, para que no te impida alcanzar tu meta?

Superé mi meta... ¿Ahora qué?

Volviendo a la revisión semanal, también es obvio que algo muy bueno sucedió el miércoles, se hicieron veinte llamadas en lugar de doce. Ésta de nuevo es una oportunidad ideal para aprender una valiosa lección. Si podemos hacer veinte llamadas una vez, podemos volver a hacerlo. La pregunta es, ¿qué hicimos de diferente que nos llevó a exceder la meta que trazamos? Cuando sepamos esto, todo lo que tenemos que hacer es volver a hacerlo.

> "No es que yo sea muy inteligente, sólo que me quedo más tiempo con los problemas".
> — Albert Einstein

No soy constante con mis llamadas; sólo las hago cuando me siento bien

Los profesionales actúan sin importar cómo se sientan. Si quieres los resultados de un profesional, debes encontrar la manera de ignorar temporalmente tu "estado de ánimo en el momento". En esas situaciones tus sentimientos o pensamientos te están mintiendo. Ignóralos y haz las llamadas de todas formas.

Dos técnicas que ayudarán:

1. "Chasquea y levanta"

Antes de levantar el teléfono para hacer una llamada, chasquea los dedos primero y luego toma el telé-

> "Utiliza tu tiempo para mejorarte a ti mismo con lo escrito por otros hombres, así ganarás fácilmente aquello por lo que otros han trabajado duro".
> — Sócrates

fono. Haz esto TODAS LAS VECES que hagas una llamada sin importar cuán extraño se sienta.

Después de una o dos semanas condicionándote de esta manera, te asombrará que no importa cómo te sientas, tan pronto chasquees los dedos automáticamente tomarás el teléfono y estarás listo para marcar. De manera exitosa te has condicionado a superar el poder de tu estado de ánimo o tus sentimientos con sólo chasquear tus dedos.

2. Únicamente La primera llamada es tu "obstáculo en el camino" hacia el éxito

Si no tienes la mentalidad correcta antes de comenzar tus llamadas, probablemente nunca las hagas. Debes tener la imagen correcta en tu cabeza de la primera llamada que estás por hacer.

> "Sin esfuerzo, la vida no nos concede nada a nosotros los mortales".
> — Horacio

El inexperto cree que cada llamada será tan emocionalmente desgastante como la primera. Eso NO es cierto.

La mentalidad del inexperto:

¿Todas las llamadas?

El profesional sabe que la primera llamada es el ÚNICO "obstáculo en el camino" hacia el éxito. Eso es absolutamente CIERTO.

La mentalidad del profesional:

Primera llamada   Segunda llamada

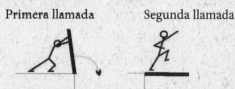

He alcanzado todas mis metas... ¿Ahora qué?

Si tu meta era hacer doce llamadas todos los días y la has logrado, entonces debes dar el siguiente paso:

Debes entender que tu meta es muy pequeña y como la estás logrando todas las veces, ya no te estás exigiendo mentalmente. Como consecuencia, has dejado de crecer.

"Muchos de los fracasos en la vida son de personas que no entendieron lo cerca que estaban de alcanzar el éxito cuando se dieron por vencidas".
— Thomas Edison

"Un héroe no es más valiente que un hombre común, sino que es valiente por cinco minutos más".
— Ralph Waldo Emerson

En la vida estamos creciendo o estamos muriendo, no hay punto medio

Tu siguiente paso debería ser incrementar tu meta quizás a quince llamadas por día. Al hacerlo, entonces crearás nuevamente oportunidades adicionales para tu crecimiento.

Repite este proceso una y otra vez hasta que hayas alcanzado el futuro que deseas.

CAPÍTULO ONCE

Crea tu propio "ambiente de éxito"

"La más penosa esclavitud es ser esclavo de uno mismo".
— SENECA

¿**A**lguna vez has tenido alguno de estos pensamientos?

- ¡No puedo creer que lo haya hecho de nuevo!
- ¿Por qué perdí mi compostura tan fácilmente?
- ¡No puedo creer que dije eso!
- ¿Por qué tengo tanto miedo?
- ¿Por qué no puedo ser más paciente?
- ¿Por qué tengo una voluntad tan débil?
- ¿Por qué fui tan descortés con esa persona?
- ¿Cómo me metí en esto?
- ¿Por qué no puedo ser más afectivo?
- ¿Por qué siempre soy tan egoísta?
- ¿Por qué no puedo decidir más rápido?
- No quiero ser así.
- ¿Por qué siempre me preocupo tanto?
- ¿Por qué no puedo lograr hacer esto?

> "La gente parece no ver que su opinión acerca del mundo también es una confesión de su carácter".
>
> — Ralph Waldo Emerson

- ¿Qué anda mal conmigo?

No hay nada mal con ninguno de nosotros; todos somos "productos perfectos" de nuestro entorno.

Nuestro entorno nos ha programado perfectamente para pensar y comportarnos como lo hacemos, por medio de cosas que personalmente hemos visto, escuchado, olido, probado y tocado dentro del mismo.

Nuestra programación tiene que venir de dos entornos distintos:

1. Siendo niños, fuimos programados por el entorno en el que crecimos. Este entorno, sea bueno o malo, se nos impuso, no tuvimos elección.

2. Como adultos buscamos programarnos a nosotros mismos por el entorno ante el cual constantemente ELEGIMOS exponernos.

¿Antes de sentarnos a cenar tenemos que pensar activamente en el proceso de cómo alimentarnos? Imagínate diciendo cada vez que vas a comer: "Debo sostener mi cuchara de esta manera. Ahora tengo que bajarla hasta la taza de cereal. Ahora tengo que tomar el cereal en la cuchara y lenta y cuidadosamente llevarla a mi boca. Ahora tengo que abrir la boca y llevar la cuchara a mi boca y luego cerrar la boca".

Desde luego que no hacemos esto. Podemos poner la comida automáticamente en nuestra boca sin siquiera pensarlo.

Sin embargo, esto fue exactamente lo que hicimos siendo niños cuando intentamos comer por primera vez con una cuchara. Al repetir esta acción una y otra vez, con el tiempo se convirtió en algo natural y una respuesta automática.

> "El comienzo es la parte más importante del trabajo".
> — Platón

Nuestra mente subconsciente quiere facilitarnos la vida. Busca acciones que hacemos de manera repetitiva y las graba como respuestas automáticas. Después de cierto número de repeticiones, cualquiera sea ese número, llegará el momento en el que tan pronto como comencemos a actuar de cierta manera, nuestra mente subconsciente automáticamente asumirá que sabe lo que queremos lograr y se encarga de todo. Terminará la tarea por nosotros, sin que ni si quiera estemos conscientes de la misma.

Comer, beber, montar en bicicleta, caminar, conducir, hablar, nadar y escribir, son sólo unos ejemplos de respuestas automáticas.

La mente subconsciente no sólo almacena nuestras acciones físicas, almacena todo y cualquier cosa que experimentamos por medio de nuestros cinco sentidos.

> "Somos lo que hacemos repetidamente".
> — Aristóteles

Por ejemplo, si repetidamente perdemos nuestra compostura en ciertas situaciones y obtenemos lo que queremos, así nuestro comportamiento sea malo, nuestro subconsciente lo recordará como un evento. Luego cada vez que estemos en las etapas iniciales de una situación similar en el futuro, nuestro subconsciente se hará cargo y automáticamente perderemos el control de nuevo a fin de obtener lo que queremos. Nuestro mal comportamiento está siendo premiado y grabado como una manera exitosa de obtener lo que queremos, aunque es la forma equivocada de hacerlo.

Este es otro ejemplo: repetidamente por muchos días tiramos la basura en una cesta que está en un lugar específico de nuestra oficina. Si movemos la cesta de basura, sin darnos cuenta al comienzo, seguiremos tirando la basura al piso en donde se encontraba la cesta.

Al recuperar información almacenada del pasado, nuestra mente subconsciente siempre trae primero esas experiencias que han tenido emociones fuertes adheridas a ellas y luego trae las acciones que constantemente hemos repetido una y otra vez en el pasado.

Si alguna vez hemos tenido razón para tener miedo de algo que nos ha sucedido en el pasado, cuando surja una situación similar en el futuro, a fin de protegernos, nuestra mente subconsciente traerá primero nuestra experiencia pasada más emocional y luego la experiencia más repetida. Nos está recordando que antes tuvimos miedo de esa experiencia y de nuevo deberíamos estar en guardia.

> "No conservamos la forma de orden exterior, donde hay profundo desorden en la mente".
> — William Shakespeare

Sin embargo, la mayoría de las personas no son realmente fortalecidas por estos recordatorios de experiencias pasadas, en especial si no son recordatorios positivos. En lugar de estar en guardia, la mayoría de las personas se desanima y como consecuencia, no avanza en sus metas. Los recordatorios de fracasos, rechazos y malos sentimientos en realidad no nos motivan a hacer más.

Aunque exista para protegernos y facilitarnos la vida, la mayor parte del tiempo nuestra mente subconsciente trabaja en nuestra contra mientras construimos una mejor vida debido al mal contenido que le hemos introducido a través de los años.

La vida y la calidad de relaciones que tenemos hoy, son el resultado directo de nuestro comportamiento.

Nuestro comportamiento es un resultado directo de nuestras creencias.

Nuestras creencias en realidad son recordatorios de "los resultados de nuestras experiencias pasadas",

> "Si alguien habla o actúa con una mente cruel, la miseria lo seguirá como el carruaje sigue al caballo... Si alguien habla o actúa con una mente pura, la felicidad lo seguirá como la sombra sigue a su fuente".
> — The Dhammapada

incrustados en lo profundo de nuestra mente subconsciente.

Por lo tanto, el contenido de nuestra mente subconsciente realizará o dañará nuestro futuro.

La clave de nuestro futuro yace en la habilidad de alterar de alguna manera el contenido de nuestra mente subconsciente a nuestro favor.

¿Cómo cambiamos "activamente" el contenido de nuestra mente subconsciente?

No podemos borrar, eliminar o desprogramar el contenido existente en nuestra mente subconsciente. Sólo podemos añadir más contenido para que éste con el tiempo supere el contenido existente a nuestro favor.

Ejemplo:

Si pones una gota de tinta azul en un vaso de agua, el agua se volverá azul. Si luego viertes el agua del vaso en una piscina de agua limpia, será imposible que veas la tinta. Has diluido la tinta al punto en el que ya no tiene ningún poder. Pero recuerda que no has quitado la tinta, todavía está en el agua. Esto es exactamente lo que debes hacer con el contenido de tu mente subconsciente; diluir el conteni- do "negativo" al punto de que pierda poder y no pueda volver a impedir que alcances el futu- ro que deseas.

> "A excepción de nues- tros pensamientos, no hay nada en absoluto en nuestro poder".
>
> — René Descartes

Debes inundar tu mente subconsciente con conteni- do fortalecedor, emocional y repetitivo, al punto que cuando saque a relucir creencias o recuerdos de tus experiencias pasadas, esos recuerdos te capaciten para actuar y tener éxito.

¿De qué manera "activamente" introduces conteni- do a tu mente subconsciente?

Imagina que pudieras mirar en tu mente subcons- ciente y hacer un inventario de todo lo que hubiera ahí. Imagina que este fuera el tipo de información que des- cubrieras:

- 850 experiencias de "rechazo"

- 625 experiencias de "aceptación" por lo tanto, en este momento 225 experiencias de "rechazo" tienen el poder.

- 450 experiencias de "perder la compostura y obtener lo que querías"

- 232 experiencias de "perder la compostura y no obtener lo que querías"

> "Una vez se ha dejado escapar una palabra, ya no puede recuperarse".
> — Horacio

Entonces, 218 experiencias de "perder la compostura y obtener lo que querías" tienen el poder.

- 1100 "fracasos después de intentos"

- 343 "exitos después de intentos", entonces 757 experiencias de "fracasos después de intentos" tienen el poder en este momento.

¿No sería una gran ayuda para tu vida tener este tipo de información?

Es bien sabido que la mente subconsciente no conoce la diferencia entre la realidad y la imaginación. Con concentración y mucha práctica puedes usar tu imaginación para crear situaciones imaginarias poderosamente positivas. Luego, una por una, introdúcelas en tu mente subconsciente haciendo que experimentes cada una de estas situaciones por medio del poder de tu imaginación.

El contenido de lo que introducimos "activamente" en nuestra mente subconsciente es conocido como "declaración de afirmación".

Las declaraciones de afirmación siempre están escritas en términos de "presente positivo".

No sólo podemos progra-mar nuestra mente subcons-ciente con afirmaciones para capacitar nuestro comporta-miento, sino que es un hecho

> "Cogito ergo sum...
> Pienso, luego existo".
> — René Descartes

conocido que podemos usar el poder de las afirmacio-nes mientras éstas estén acompañadas por emociones fuertes para atraer las cosas que queremos en nuestras vidas: oportunidades, personas, dinero etc. Lo que sea que queramos atraer.

Al final de este capítulo he hecho una lista de mu-chos ejemplos de afirmaciones. Recomiendo en gran manera que revises la lista cuidadosamente y luego ha-gas la tuya propia. Asegúrate de escribir cada afirma-ción de forma individual en tarjetas separadas de 3"x5" o incluso funciona muy bien si las escribes detrás de tarjetas de presentación.

No escribas todas tus afirmaciones en un sólo papel porque constantemente estarás reescribiendo muchas de ellas a medida que avanzas en este ejercicio.

Cuando hayas escrito tus afirmaciones, lo siguiente que debes hacer es separar tiempo cada día para leer en voz alta cada afirmación por lo menos cinco veces. Es muy importante leerlas por lo menos cinco veces por-que a la tercera vez nuestros oídos ya tendrán idea de lo que estamos leyendo. A la cuarta vez comenzaremos a prestar total atención y en la quinta vez el mensaje penetrará activamente nuestra mente subconsciente.

> "No hay nada bueno o malo, pero pensar lo hace así".
> — William Shakespeare

A medida que lees tus afirmaciones, sé lo más apasionado que puedas; captura e interioriza la emoción de lo que estás diciendo. Al mismo tiempo, usa el poder de tu imaginación y visualiza lo que quieres. Mírate experimentando exactamente lo que estás diciendo.

A propósito, cortar y pegar imágenes en tus tarjetas de afirmación te ayudará a crear una experiencia visual más poderosa.

Poner tus afirmaciones en una pared visible en tu oficina, en el tablero de tu auto, en la pared de tu baño o incluso en la puerta de tu refrigerador, son formas excelentes para crear tu propio "ambiente de éxito".

También debes aceptar el hecho de que éste proceso requerirá práctica y concentración, así que tómate el tiempo.

Si ya tienes "757 experiencias de fracaso" grabadas en tu mente subconsciente, necesitarás introducir tus declaraciones de afirmación 757 veces sólo para ecualizar lo que ya está en tu mente subconsciente. Así que no te des por vencido después de una semana si no ves ningún resultado. Puede tomar un mes, 6 meses, o incluso un año para que cambies algunos comportamientos y creencias automáticos.

Ten presente que tu mente subconsciente no va a dejar de grabar y de almacenar experiencias solamente porque has comenzado a decir afirmaciones. Seguirá haciendo lo que está diseñada para hacer.

> "Donde el discurso está dañado, la mente también lo está".
> — Seneca

A propósito, no cometas el error de pensar que podrás cambiar todo tu mundo con SÓLO hacer afirmaciones. Recuerda que estás haciendo este ejercicio de afirmación para darte el poder de tener pensamientos, creencias y recordatorios positivos y ganadores, aún así debes actuar. Aún así tienes que hacer algo para crear tu futuro. El simple ejercicio de afirmación no creará tu futuro deseado, su propósito principal es callar la "vocecita en tu cabeza" por el tiempo suficiente a fin de que puedas hacer lo que debes hacer para ganar.

El libro de Génesis, en el Antiguo Testamento, dice que Dios habló y el mundo empezó a existir; probablemente esta sea una pista de lo que deberíamos intentar con este ejercicio para nosotros mismos.

El ejercicio de crear y repetir afirmaciones en realidad es un proceso de crear tu propio único y personal ambiente de éxito. Recuerda, eres un "producto perfecto" de tu entorno.

Antes de decir mis afirmaciones diarias, siempre me gusta leer estas palabras especiales para acomodarme al correcto marco mental: "Dios es mi Padre Ce-

> "La oración sin duda es buena, pero mientras llama a los dioses, un hombre debe tenderse la mano a sí mismo".
> — Hipócrates

lestial. Él me hizo a Su imagen. Dios creó el mundo ordenando su existencia. Yo, soy Su hijo, tengo el poder por parte de mi Padre Celestial y soy motivado por Él para también hablar y crear mi propio futuro. Que todos los que puedan, escuchen: las personas del mundo físico, los santos, los ángeles y los buenos espíritus del mundo espiritual, el futuro que deseo, el futuro que espero, el futuro que declaro y confieso con mis palabras es el futuro que yo, junto con mi Padre Celestial, crearé para mi familia y para mí. Y para todos los ángeles, si están esperando mi solicitud, les pido ayuda. Les pido su ayuda. Espero que me ayuden. Les agradezco su ayuda. Escuchen mis palabras, en el nombre de mi Padre Celestial, deseo, reclamo, declaro y espero que mis afirmaciones definitivamente se hagan realidad."

Estos son unos ejemplos de afirmaciones:

Salud física

- Mi cuerpo está en perfecta salud
- Tengo 150 libras de masa muscular
- Tengo 10% de grasa corporal
- Corro 3km en 12 minutos

Salud mental

> "Nunca me ha herido algo que no haya dicho".
> — Calvin Coolidge

- Mis afirmaciones siempre se harán realidad

- Tengo una memoria excelente. Siempre recuerdo cosas de inmediato cuando las necesito

- Mi mente está en perfecta salud

- Solamente escucho pensamientos positivos y piadosos en mi mente

- Siempre tomo la decisión correcta de forma rápida si debo hacerlo

- Un milagro sucederá hoy en mi vida

- Siempre me concentro en lo que hay que hacer y lo hago

- Siempre hago lo que es necesario

- Hoy haré un descubrimiento brillante

- Mi presente y mi futuro serán mejor que cualquier cosa en el pasado

- Siempre disfruto el viaje

- Vivo a plenitud todos y cada uno de los días

Mi Carácter

"Como fue su lenguaje, así fue su vida".
— Seneca

- Soy un gran oyente
- Soy muy paciente
- Siempre soy atento
- Tengo mucho carisma y energía, la gente se siente atraída hacia mí como un imán.
- Siempre actúo de inmediato para ayudar a alguien en necesidad
- Mi lenguaje siempre es limpio, piadoso y respetuoso
- Soy genuinamente feliz y estoy agradecido por todas las bendiciones de mi vida
- Cada vez que me rechazan, me determino más a tener éxito
- Siempre termino lo que comienzo
- Ya tengo la confianza que necesito para alcanzar mis metas

Relaciones

- Siempre digo y hago cosas que hacen que mi compañero o cónyuge se sienta bien
- Siempre escucho a mi cónyuge o pareja sin juzgar ni aconsejar

- Mi cónyuge o mi pareja y yo somos los mejores amigos; siempre hablamos y hacemos cosas divertidas juntos

> "Mientras vivas, conserva una buena lengua en tu cabeza".
> — William Shakespeare

- Siempre abrazo a mis hijos

- Siempre escucho "rápidamente" y les hablo a mis hijos con respeto

- Siempre les digo a mis hijos que estoy orgulloso de ellos y que confío en ellos

- Tengo una gran relación con mis hijos porque siempre "me meto en su mundo"

- Nunca avergüenzo a mis hijos frente a otros para probar mi punto de vista

- Siempre estoy disponible para mis hermanos y hermanas

- Siempre les hablo a mis padres con respeto

Espiritual

- Siempre le pido consejo a Dios antes de hacer algo importante

- Estoy consciente del corazón de Dios en todo momento; siempre hago lo correcto

- Soy un verdadero representante de (nombre del héroe, mentor, líder espiritual) por medio de mis pensamientos, palabras y mis acciones.

"Te puedes recuperar pronto de un desliz del pie, pero nunca te puedes recuperar de un desliz de la lengua".
— Benjamín Franklin

- Tengo una genuina y profunda relación con mi Padre Celestial, siempre estamos hablando

- Padre, gracias por enseñarme a hacer en 2 años lo que normalmente tomaría 20

Financiero

- El dinero sigue llegándome fácilmente desde muchas partes

- Mi empresa está creciendo como loca

- Soy el mejor haciendo mi trabajo

- Es el año 2011; no tengo deudas

- Es el año 2011; mis ingresos son $_____ /mes

- Tengo $_____ de efectivo en el banco

Sueños

- Soy propietario de un Hummer totalmente equipado y de un BMW convertible (añade imágenes)

- Poseo una hermosa casa frente a un lago
- Cada año llevo a mi familia a un crucero
- Soy un _____ (profesión) muy exitoso
- Soy muy bueno en _____ (pasatiempo)

> "Habla claramente, si vas a hablar; esculpe cada palabra antes de dejarla caer".
> — Oliver Wendell Holmes

Hay muchos ejemplos más de afirmaciones que podrían listarse aquí; seguro que ahora tienes suficientes ideas para crear tu propia lista personal.

Otro grupo de afirmaciones que me gustaría discutir aquí son afirmaciones que contraatacan el poder negativo de las preocupaciones.

Las preocupaciones son sencillamente afirmaciones NEGATIVAS.

Algunas personas se preocupan porque no les queda ninguna motivación para levantarse y hacer algo mejor con sus vidas.

Cuando nos preocupamos por algo en realidad lo que hacemos es reproducir esa preocupación una y otra vez en nuestras mentes. Creamos experiencias negativas emocionales y repetitivas que no han sucedido aún pero las estamos introduciendo a nuestra mente subconsciente.

"Es más fácil excluir pasiones dañinas que dominarlas, y negarles el ingreso que con-trolarlas después de haberlas admitido".
— Seneca

Al preocuparnos, estamos afirmando y dándole poder a las preocupaciones para que se manifiesten en nuestras vidas.

Esta es una solución:

1. Nunca dejes las preocupaciones por mucho tiempo en tu mente. Darán vueltas y vueltas, y no te darán espacio para pensar en nada más. Sácalas de tu cabeza y escríbelas en una tarjeta. Al hacerlo, te asombrará cómo cambian casi de inmediato tus sentimientos.

2. Ahora pregúntate: "¿Tengo alguna otra cosa que me preocupe?" Si hay más, escríbelas en otra tarjeta. Sigue haciéndote la misma pregunta hasta que finalmente te escuches decir: "No, eso es todo; no tengo más preocupaciones".

3. En el respaldo de cada "tarjeta de preocupación" vuelve a escribir la preocupación en una declaración positiva.

4. Añádelas a tus declaraciones diarias pero dilas primero.

Repite este ejercicio cada vez que te encuentres constantemente preocupado por algo.

A propósito, los pensamientos repetitivos son tan poderosos e igual de peligrosos como las palabras repetitivas. Aunque las personas que te rodean no pueden escuchar tus pensamientos, tú y tu mente subconsciente sí pueden.

> "Todo lo que puedes imaginar es real".
> — Pablo Picasso

A fin de contraatacar un pensamiento negativo, sólo di ese mismo pensamiento de una manera positiva tan pronto escuches el pensamiento. No tienes que decir las palabras en voz alta. Susurrarlas para ti mismo acallará el pensamiento negativo de inmediato. Sigue diciendo las palabras positivas hasta que tengas la confianza de que el pensamiento se ha ido... por lo menos por ahora.

Una "afirmación" en este contexto es un pensamiento repetido o una palabra hablada, envueltos en una fuerte emoción.

Entre más fuerte la emoción detrás de tus pensamientos o palabras repetitivos, es más probable que se manifiesten en tu vida.

La mayoría de las personas no entiende que ha habido muchos eventos en su pasado que realmente fueron verdaderos ejemplos y pruebas del poder de las afirmaciones.

Mira de manera cuidadosa en tu propia vida y verás la evidencia de esos "sucesos" especiales. Busca cosas

> "He pasado por cosas terribles en mi vida, y algunas de ellas en realidad sucedieron".
> — Mark Twain

en las que estuviste emocionalmente envuelto, y en las que pensaste de manera constante y que posteriormente se hicieron realidad.

Aquí hay tres ejemplos de afirmaciones que han resultado en mi vida:

1. Tiempo atrás había escrito una afirmación respecto a tener una relación personal con tres de mis mentores espirituales y modelos. Asumí que materializar esta meta me tomaría diez años porque parecía descabellada. Estaba seguro que me tomaría todo ese tiempo "ganar el derecho" de por lo menos tener esas relaciones.

Sin embargo, oré al respecto, pensando en eso una y otra vez y emocionalmente me involucré mucho en lograr que sucediera. Estaba decidido a hacer que esto sucediera, con la esperanza de que diera sus frutos en el futuro.

Sin embargo, no me tomó diez años. A la vuelta de tres meses inesperada y milagrosamente me encontré en un auto con dos de ellos, por más de una hora.

Así que déjame preguntarte: ¿Crees que tuve algo que ver con que esto sucediera, o crees que fue simple coincidencia?

2. Nací y crecí en Inglaterra, pero a la edad de diecinueve años vine a Canadá para unas vacaciones de tres

meses. En la última semana de mis vacaciones fui invitado a una fiesta de aniversario. Durante la fiesta me encontré sentado en unas escaleras con otro hombre, sólo conversando.

> "Creo mucho en la suerte, y veo que entre más duro trabajo más la tengo".
> — Thomas Edison

De repente, una chica con un vestido verde pasó por el lado. Cuando pasó frente a mis ojos, fue como si me hubiera puesto en trance. Mi ritmo cardiaco se aceleró hasta el techo y comencé a sentirme muy, muy raro. Mi corazón golpeaba mi pecho tan fuerte que pensé que todos lo escucharían. Me levanté de las escaleras y la seguí.

Ella fue al sótano donde todos estaban reunidos. La vi sentarse en el piso cerca del fondo de la habitación con otras chicas.

Mi hermano mayor, que vivía en Canadá, también estaba en la misma habitación. Tan pronto como vi donde estaba sentada esa chica, le pregunté a mi hermano si podía ver la chica con el vestido verde en el fondo de la habitación. Él dijo: "Sí, ¿por qué? Le dije: "Me casaré con ella". Lo loco fue que ni siquiera nos habíamos conocido todavía.

Sorprendí completamente a mi hermano cuando le dije que necesitaba su ayuda para hablar con el padre de ella. Quería sugerir un matrimonio arreglado para los dos si ella estaba de acuerdo. Los matrimonios arreglados es algo común en la cultura de la India.

"Ves cosas y dices,
'¿por qué?' pero yo
sueño cosas que nunca
han sucedido y digo
'¿por qué no?'"
— George Bernard
Shaw

Él dijo que hablaría con su padre en los siguientes días, pero yo no estaba dispuesto a esperar tanto tiempo. Esa noche, tuve la oportunidad de saber su nombre. Le hablé como por cinco minutos pero eso fue todo.

Al día siguiente me encontré sentado en una silla mecedora escuchando las canciones de amor de Paul Anka y orando a Dios, lo cual era extraño en ese tiempo porque yo era un devoto ateo. Hice una sencilla pero muy emotiva oración; le prometí a Dios que creería en él si me ayudaba a casarme con esa chica.

Durante las siguientes horas todo lo que pude hacer fue pensar en esa chica y escuchar canciones de amor. Estaba perdidamente enamorado.

De repente, sonó el teléfono. Quien llamaba era una amiga de la chica de verde; dijo que también había estado en la fiesta. Me invitando a una cita doble. Le pregunté quién era la otra chica que iría. Me dijo que sería Rani. Ese era el nombre de la chica de verde.

Casi me da un infarto, pero accedí. Cinco minutos después de colgar, el teléfono sonó de nuevo. Esta vez era Rani.

Ahora sí pensé que me iba a dar un infarto. Me preguntó si había recibido una llamada de su amiga y qué me había dicho ella. Le dije a Rani que sólo había accedido a ir a la doble cita sólo porque supe que ella también iría.

> "El discurso es el espejo de la mente".
> — Seneca

Sorprendentemente, dijo: "La única razón por la que iba a ir fue porque supe que tú irías". Ahora estaba definitivamente seguro que iba a tener un infarto. Le sugerí que canceláramos la doble cita y saliéramos sólo nosotros. Ella accedió.

Nos vimos al día siguiente y pasamos todo el día juntos. Compartimos mucho acerca de nosotros. Fue un día maravilloso.

Esa noche, cuando ella volvió a su casa, yo fui a casa de mi hermano. Cuando llegué fui directo al teléfono. La llamé y le pregunté cómo estaba y luego le dije: "Entonces, ¿quieres casarte?" y ella respondió: "Sí".

...Sé que suena loco, pero eso es exactamente lo que sucedió y ¡para mi cumpleaños número veinte nos casamos! Hoy ya tenemos veintidós años de matrimonio y tenemos dos hijos.

... A propósito, ya no soy más un ateo.

Entonces déjame preguntarte de nuevo, ¿crees que tuve algo que ver con el resultado de esto, o crees que fue sólo coincidencia?

> "Lo que yace detrás de nosotros y lo que yace delante de nosotros son cosas pequeñas comparadas con lo que yace dentro de nosotros".
>
> — Ralph Waldo Emerson

3. Hace unos años me encontré en medio de un tiempo muy difícil a nivel personal. Todo a mi alrededor era genial: familia, matrimonio, hijos; el problema era yo. Estaba tratando de desarrollar mi empresa y tenía muchas dificultades concentrándome. No podía hacer las cosas que sabía que debía estar haciendo. Me distraía mucho. Sentía que algo andaba mal conmigo. Además de tener una muy mala disciplina, también tenía muy malos hábitos de los que no me enorgullecía; perder la compostura era uno de ellos y el resto era más de naturaleza espiritual.

Encontraba muy difícil entender mi papel en este mundo en el que me encontraba. Tenía tantas preguntas rondándome la cabeza todo el tiempo y todos a los que les preguntaba no tenían idea de las respuestas. Lo sorprendente fue; que a la mayoría de ellos ni siquiera les molestaba y los que respondieron a mis preguntas sólo repitieron cosas que habían leído, pero ni siquiera entendían.

Mis preguntas eran de esta naturaleza: ¿De dónde vengo? ¿Qué se supone que debo hacer en esta tierra? ¿A dónde iré cuando muera? ¿Por qué está tan mal ésta tierra? ¿Por qué tantas personas buenas han muerto tan trágicamente mientras los malos siguen viviendo?

¿Por qué un pequeño niño se enferma de cáncer? ¿Dónde está Dios? ¿Por qué se esconde? ¿Si Él es tan poderoso, por qué no arregla todos los problemas de esta tierra? ¿Si Dios me hizo a propósito, entonces por qué me hizo de esta manera?

> "El secreto para desarrollar las mejores relaciones, es dejar tu mundo y unirte al de ellos".
> — Terry Gogna

Odiaba mis hábitos. Quería lograr grandes cosas, pero no lograba mantenerme concentrado y hacer lo que se suponía que debía estar haciendo. Estaba tan enojado con Dios que cada noche oraba y al mismo tiempo lo maldecía por no mostrar Su rostro y darme las respuestas. "¿Por qué no muestras tu rostro? ¿Qué clase de chiste es este?" Le preguntaba repetidamente.

Una vez, durante el año siguiente, decidí tratar de hacer algunas llamadas no planeadas para mi empresa usando el directorio. Iba a comenzar con la A, cuando de repente tuve una extraña voz o pensamiento en mi cabeza. Escuché, "no te puedo ayudar si comienzas con la A". Así que cerré el libro

> "Un hombre no está ocioso por estar absorbido en sus pensamientos. Hay una labor visible y hay una labor invisible".
> — Víctor Hugo

y lo abrí en cualquier página y comencé a llamar. Hice esto por varios días y pude acordar unas citas.

"Empaqué mi portae-quipaje, abracé a mis amigos, me hice a la mar, y por fin desperté en Nápoles, y ahí, detrás de mí, está la dura realidad, el triste yo, implacable, idéntico del que huí".

— Ralph Waldo Emerson

Una de las citas que acordé fue con un hombre de la industria de sistemas y computadores. Al comienzo de nuestra cita le pregunté: "¿A propósito, a qué otra cosa se dedica además de los sistemas?" Dijo que era reverendo los fines de semana. "Vaya", dije. "Debe estar bromeando. Ya sabe, siempre me he preguntado qué pasa después de morir". Él comenzó a reír. Se levantó tomó un libro de su biblioteca y me lo entregó. "Cuando tenga la oportunidad, ¿por qué no lee esto y me dice qué piensa del contenido?" Yo le dije, "Seguro, lo miraré, gracias". Y proseguimos con nuestra reunión de negocios.

Para resumir la historia, el gran Reverendo Mitch Dixon, a quien conocí por azar o por un milagro, terminó cambiando toda mi vida. Por medio de los libros que me animó a leer y las horas que pasó enseñándome personalmente, todas mis preguntas espirituales, fueron respondidas de forma lógica.

Así que déjame preguntarte de nuevo...

¿Crees que tuve algo que ver con que esto sucediera, o sigues creyendo que fue otra coincidencia?

CAPÍTULO DOCE

No existe trabajo o negocio seguro, sólo personas "seguras"

"Es más poderoso el que se tiene a sí mismo bajo control".
— SENECA

Hace unos años, me postulé para un empleo en la "industria de reclutamiento de empleados" y me solicitaron que llevara un currículo de mi experiencia laboral previa. Cuando llegué a la oficina de una compañía en especial, la recepcionista me pidió mi currículo. Le dije que nunca había tenido un empleo pues había estado dirigiendo mi propia compañía durante los últimos diez años, y por tal motivo no tenía un currículo. No se mostró muy complacida con la respuesta. Aún así, me dijo que tomara asiento y esperara que la propietaria de la compañía me llamara.

La propietaria de la firma de reclutamiento era una dama muy profesional y agradable. Sin embargo, me hizo la misma pregunta: "¿Dónde está su currículo?" Le di la misma respuesta.

> "El discurso es el espejo del alma: como habla un hombre, así es él".
> — Publio Siro

Pude ver que eso no la impresionó mucho; fue evidente por la forma cómo me miró, pero fue amable al respecto y de todas formas continuó con la entrevista.

Me preguntó: "¿Entonces, por qué está buscando trabajo en esta industria y por qué debería contratarlo?"

Me incliné hacia adelante para explicar los diferentes puntos...

> "Todo tiene el valor que el comprador quiera pagar por él".
> — Publio Siro

- Estoy buscando un cambio de carrera

- He investigado esta industria y sé que se puede ganar mucho dinero

- No soy tímido

- La gente no me intimida sin importar cuánto dinero ganen

- Puedo hablar por teléfono con cualquier persona

- Puedo soportar el rechazo

- He leído muchos libros sobre crecimiento personal y liderazgo

- No tengo problemas de autoestima

- No necesito que nadie me motive

- Trazo metas para todo lo que hago

- Me concentro totalmente y no me gusta desperdiciar mi tiempo con gente que no quiere ganar

- No solamente estoy buscando una compañía para la cual trabajar, estoy buscando un entrenador

- Estoy buscando a alguien que me entrene y me enseñe exactamente cómo ganar mucho dinero en esta industria

- Sé que no tiene que contratarme, pero igual trabajaré para usted o para su competencia

- Como ya le he hablado acerca de mí, me gustaría preguntarle: "¿Qué es lo que tiene de bueno su compañía y por qué debería trabajar para usted?"

Ella comenzó a hablarme de su empresa. Luego me dijo que me llamaría después de hablar con su socio para hacerme saber si estaban interesados en contratarme.

> "La política de ser muy cauteloso es el mayor riesgo de todos".
> — Jawaharlal Nehru

Dos horas después recibí una llamada; el empleo era mío.

La propietaria de esta agencia de empleos sabía que no existe el trabajo o la empresa segura, lo que sí hay es personas seguras y cuando encuentras una, haces lo que tengas que hacer para conservarla en tu equipo.

Un verdadero ejemplo de una persona "segura"

Mi padre nació en India en el año 1929. Fue el segundo hijo de ocho hermanos y se casó a la edad de dieciséis años. A la edad de veinticuatro años salió de India y fue a Inglaterra en un barco crucero.

> "Acción es elocuencia".
> — William Shakespeare

En Inglaterra su primer empleo fue un trabajo pesado en una fábrica de ventanas metálicas y vivía en una casa con otros tres hombres. Uno de los hombres con quienes vivía le aconsejó que comenzara su propia empresa. Le recordó: "No viniste a Inglaterra para trabajar en una fábrica".

Mi padre compró un auto y luego hizo sus pruebas de conducción (sí, en ese orden). Luego, con su auto, comenzó a vender ropa puerta a puerta los fines de semana. Con el tiempo ganó suficiente dinero para comprar una casa. Luego mi madre se unió a él en Inglaterra. En pocos años, éramos seis hijos y mis padres viviendo en esa casa.

El hermano menor de mi padre fue la siguiente persona que vino a Inglaterra desde la India. Él se convirtió en el socio de mi padre y juntos comenzaron a desarrollar su propia empresa. Se llamaron los "Hermanos Gogna" y todos en la ciudad sabían quiénes eran. Eran dueños de varias tiendas y casas y tenían mucho éxito. La razón por la cual estoy contando esta historia es por lo que descubrí acerca de mi padre cuando yo tan sólo tenía catorce años.

Fui con él a comprar algunas cosas en un distribuidor de ropa deportiva. Cuando ya nos íbamos el hombre le pidió a mi padre un cheque por mil trescientas libras, como dos mil seiscientos dólares canadienses.

Mi padre tomó su chequera y le dijo al hombre: "Aquí tiene, escríbalo". Yo estaba mirando y me pareció un poco extraño. El hombre escribió el cheque y mi padre lo miró y dijo: "Está bien" y lo firmó. Cuando subí al auto, le pregunté por qué no escribía él el cheque. Su respuesta me dejó estupefacto, porque me dijo que no sabía leer o escribir ¡en inglés! Sólo podía entender los números en el cheque.

> "Una persona que tiene conocimiento pero no tiene confianza en sí misma tiene el mismo valor que una persona que no sabe nada".
> — Terry Gogna

Todos esos años, todo ese éxito, y había engañado a todos incluyendo a sus propios hijos. Me asombra cómo lo hizo, pero lo hizo. Ahora, definitivamente esa es una persona "segura"; nada de excusas, sólo acción y resultados.

¿Exactamente qué es una persona segura?

Una persona "segura" es alguien de extrema confianza en sí misma y valor a los ojos de los demás.

Entre más valor, más segura es la persona.

Siempre son necesarios una cantidad adecuada de conocimiento y habilidad. Sin embargo, el sueño de todo empleador es encontrar esa persona hambrienta, motivada, apasionada y enseñable, con la actitud y la confianza en sí misma adecuadas.

"No trates de conver-
tirte en un hombre de
éxito, más bien procura
convertirte en un
hombre de valor".
— Albert Einstein

Una persona que tiene co-
nocimiento pero no tiene confianza en sí misma tiene el mismo valor que una persona que
no sabe nada.

¿Cómo aumentas tu
confianza en ti mismo?
Aumentando tu valor.

¿Cómo aumentas tu valor? Hay tres formas:

Tres formas de aumentar tu valor:

1. Si conservas una actitud de siempre tener ham-
    bre por aprender, aumentarás tu valor de forma
    natural.

2. Aumentarás tu valor cada vez que aprendas una
    nueva habilidad.

3. Cada vez que inviertas tiempo y esfuerzo en tu
    desarrollo personal, aumentarás tu valor más
    que con cualquier otra cosa, porque un aumen-
    to en tu fuerza emocional y mental acelerará tu
    aprendizaje en todas las demás áreas.

Dos ejemplos:

1. Una persona que ha desarrollado un alto nivel
    de fortaleza emocional y mental, no entrará en
    pánico en momentos de presión. Son personas
    de mucho valor en un equipo.

2. Una persona que ha desarrollado un elevado nivel de fortaleza emocional y mental, entiende y acepta que en cada etapa del aprendizaje siempre habrá una "Experiencia de Valle de Victoria" que el aprendiz debe atravesar a fin de tener éxito.

Cuando comenzamos a aprender algo nuevo, como un idioma, por ejemplo, usualmente nos emocionamos por dos motivos. Primero, porque es nuevo y segundo porque el contenido inicial que se nos da para aprender es fácil.

> "La victoria le pertenece a los más perseverantes".
>
> — Napoleón Bonaparte

El aprendiz avanzado sabe que es fácil porque sólo aprendemos cosas sencillas al comienzo. Entiende que ese sentimiento de facilidad es temporal y que es mejor prepararse para lo que viene.

En un periodo de tiempo muy corto, el aprendiz llegará a su "Experiencia de Valle de Victoria". Es cuando es presionado hasta sus límites. Fallará muchas veces. Se sentirá completamente frustrado y desanimado y pensará seriamente si seguir o renunciar.

El aprendiz avanzado sabe que DEBE desarrollar una mentalidad obstinada y tenaz para lograr pasar por el "Valle de la Victoria" y volver al camino donde puede comenzar a disfrutar de nuevo de su aprendizaje.

Mentalidad de aprendiz avanzado

1. Acepta la "Experiencia de Valle de la Victoria" como un proceso obligatorio de TODO el aprendizaje.

2. Lo espera y está listo para cuando llegue.

3. Sabe que cuando comienza a sentirse frustrado y desanimado, no es una razón para dejar de aprender, sino una señal de progreso.

4. Entiende que su tiempo en el "Valle de la Victoria" SIEMPRE es temporal. Sólo estará ahí hasta que aprenda lo que necesita aprender y luego saldrá. El dolor pasará.

5. Cree que mientras siga su verdadera pasión, su misión, su propósito en la vida, por intervención divina, estará protegido hasta que logre aquello para lo que nació.

La mayoría de personas odia las vacunas contra la influenza, pero se somete al dolor de inyectarse porque sabe que éste sólo durará cerca de un segundo y no tendrá que hacerlo de nuevo por un año.

"Si estás atravesando el infierno, sigue avanzando".
— Winston Churchill

La mayoría de personas odia ir al odontólogo, pero se somete al dolor de limpiarse sus dientes porque sabe que el dolor y la frustración sólo durará cerca de treinta minutos y luego habrá pasado hasta dentro de seis meses.

> "Cualquiera puede sostener el timón cuando el mar está en calma".
> — Publio Siro

La mayoría de aprendices novatos se rinde y renuncia cuando la frustración y el desánimo surgen en su camino. En realidad muchos creen que la adversidad es una señal de Dios de que no deberían ir más allá.

Sin embargo, saber que cada "Experiencia del Valle de la Victoria" tiene un tiempo límite, capacita a los aprendices AVANZADOS para perseverar.

En todas las etapas del aprendizaje habrá muchas "Experiencias de Valle de la Victoria". Y así como en el atletismo, mientras perseveres, tu "segunda energía" siempre estará a la vuelta de la esquina.

Estas son sólo unas pocas áreas en las que puedes crecer cuando lees y escuchas libros y audios de crecimiento personal:

- Cómo ser un valioso jugador de equipo
- Cómo trabajar con diferentes personalidades
- Cómo trazar metas
- Cómo desarrollar el líder que hay en ti
- Cómo desarrollar los líderes a tu alrededor
- Cómo aumentar tu confianza

- Cómo fortalecer a otros

- Cómo mejorar tus habilidades de comunicación

- Cómo tener mejores relaciones con tu familia, amigos y colegas

- Cómo enfrentar el rechazo

- Cómo desarrollar fortaleza para superar tus temores

- Cómo manejar la adversidad en tu vida

- Secretos de los adinerados

- Cómo desarrollar más valor

- Cómo llegar a ser la persona que sabes que puedes ser

- Administración del tiempo

- Cómo saber cómo piensan las personas de éxito

"Me prepararé y algún día llegará mi oportunidad".
— Abraham Lincoln

- Vistiéndose para tener éxito

- Inteligencia emocional

- Cómo desarrollar hábitos de éxito

- Cómo motivarte y seguir ahí

- Cómo mejorar tu desempeño en el trabajo y en los negocios

- Aprendiendo la diferencia entre gerencia y liderazgo

- Gerencia de vocecita

- Cómo desarrollar fortaleza mental

> "No sólo uso todo el cerebro que tengo, también todos los que puedo tomar prestados".
> — Woodrow Wilson

- Cómo evitar procrastinar en todas las áreas de tu vida

- Cómo desarrollar un carácter de servicio

- Aprender las lecciones de la historia de grandes hombres y mujeres

- Cómo crear fortuna

- Solución de problemas

- Saber qué hizo grande a los grandes personajes

Cuando lees libros de crecimiento personal tiendes a empezar a pensar en cómo mejorar como ser humano.

Entre menos leas, menos consciente serás de tu comportamiento.

Los pensamientos en tu cabeza son positivos o negativos. Entre más consientas cualquier pensamiento en particular, más influenciado estarás a actuar de acuerdo con él. Las acciones que realizas repetidamente se convierten en hábitos y tus hábitos son los ÚNICOS que determinan tu futuro.

> "Una habitación sin libros es como un cuerpo sin alma".
> — Cicerón

Entre más leas a diario, más positivos serán tus pensamientos y más fuerte será tu mente. Esta fortaleza mental te capacitará para eliminar y bloquear cualquier pensamiento negativo que trate de entrar a tu cabeza. Con el tiempo, este proceso de lectura diaria te llevará a una mayor autodisciplina y fuerza de voluntad.

Encontrarás que todos los líderes fuertes tomaron tiempo a sus comienzos para leer libros positivos orientados al éxito. Estas personas han desarrollado, con los años, cierta mentalidad; pueden ver las cosas de manera diferente a la persona promedio. Han aprendido a no tener pánico en situaciones inesperadas de presión. Debido a su fortaleza emocional, atraen personas y oportunidades como imanes.

Anais Nin dijo: "No vemos el mundo como es sino como nosotros somos".

Antes de comenzar a leer libros y escuchar audios de crecimiento personal, siempre luché con una falta de autoconfianza. Era tan tímido que cuando subía a un bus o un tren ni siquiera levantaba la cabeza. Siempre sentía que todos me estaban mirando. Cuando caminaba, sólo miraba al piso o por la ventana pero ni me atrevía a mirar a "todas esas personas que me estaban mirando".

En especial, recuerdo un día cuando caminaba hacia un edificio de oficinas a la hora de almuerzo. Había muchas personas sentadas en unos escalones de concreto fuera del edificio comiendo su almuerzo. Al caminar hacia el edificio quedé petrificado, pensando nuevamente que todas estas personas me estaban mirando mientras caminaba hacia las puertas principales del edificio.

> "Sólo los educados son libres".
> — Epíteto

Después de leer muchos libros y escuchar muchos audios, finalmente superé mi falta de confianza en esa área. Aprendí que nadie me está mirando; en lugar de eso, están ocupados pensando en sí mismos.

Me probé esto a mí mismo por completo, sin ninguna duda, con sólo levantar mi cabeza y mirar a los ojos a cada persona que yo creía que me estaba mirando. Lo intenté y me dejó perplejo; de hecho fue gracioso.

Cuando los miraba a los ojos, de inmediato dejaban de mirarme y miraban al piso o por la ventana. Todos volteaban la mirada. ¡Vaya! Todos eran tímidos como yo.

Lo mismo sucedió con la gente sentada en las escaleras de concreto afuera del edificio de oficinas. Mientras caminaba hacia ellos, levanté mi cabeza mirándolos directo a los ojos. Cada persona que yo volteaba a mirar, volteaba la cabeza, nadie me estaba mirando. Sentí como si finalmente me hubiera liberado de esta cautividad emocional. Estaba completamente emocionado.

> "La lectura poco metódica es exquisita, pero para que sea benéfica, nuestra lectura debe ser cuidadosamente dirigida".
>
> — Seneca

Tuve que hacerlo todo en mi cabeza. Cada vez que estaba en medio de una multitud, automáticamente asumía que todos se conocían mutuamente y se ayudaban el uno al otro para mirarme y juzgarme.

De ahí era exactamente de dónde provenía mi temor. Estaba completamente equivocado. No estaban juntos. Todos eran individuos sentados o parados cerca el uno del otro. Eso es todo. No había ninguna colaboración o juicio en grupo.

Eso cambió toda mi vida. Había interpretado completamente mal la escena. Mi creencia equivocada estaba haciendo que yo actuara de esa forma tan tímida. Pero cuando descubrí que mi confianza era errada, fui liberado de esa timidez. Recibí todo el poder.

Hoy hablo con frecuencia a audiencias de 500 a 1000 personas y puedo hacerlo con confianza, sólo porque los miro a todos como individuos que quieren crecer y no como una multitud colaborando mutuamente para juzgarme.

A propósito, después de leer muchos libros, pude descubrir por mí mismo de dónde venía esa creencia de que "las multitudes me juzgaban".

Fue cuando estaba en la escuela. Tenía doce años e iba caminando hacia las puertas principales de la escuela. Como cinco pisos arriba había un grupo de chicos que estaban mirando por la ventana, gritando y haciendo gestos groseros "juntos como grupo" a varios chicos en la misma zona a medida que pasaban.

> "El éxito es para ser medido no tanto por la posición que se ha alcanzado en la vida sino por los obstáculos que se han superado".
> — Booker T. Washington

Cuando uno de ellos me vio, sabiendo mi nombre, gritó fuerte: "Olgan chicos, miren cómo camina Gogna, ¡camina como un pato!" y todos se rieron al tiempo. Incluso la gente que estaba en el estacionamiento ahora me estaba mirando. TODOS, asumí yo, me estaban mirando. Se estaban burlando de mí porque mi maleta escolar se balanceaba en mi espalda porque yo estaba caminando rápido.

Puedo recordar ese día como si hubiera sido ayer. No fue el comentario lo que me afectó, fue el hecho de que todas esas personas me estaban mirando y supuestamente juzgándome. Esta experiencia me impresionó tanto emocionalmente que la llevé, sin saberlo, durante casi veinticinco años después que sucedió. Ni siquiera sabía que estaba arraigada en lo profundo de mi mente subconsciente y había estado afectando mi comportamiento, hasta que comencé a leer libros de crecimiento personal.

"No puedo vivir
sin libros".
— Thomas Jefferson

Cuando mi hijo menor tenía nueve años, recuerdo haberlo llevado a la escuela un día y cuando salió del auto decidí simplemente observarlo por un rato para ver cómo se comportaba con otros chicos en el parque. Me desilusioné mucho porque noté que él seguía a los otros chicos a donde fueran como si no tuviera que opinar en nada. Su falta de autoconfianza era tan evidente con su lenguaje corporal. Me hizo acordar de mí cuando tenía su edad y de cómo no disfrutaba de la escuela para nada debido a que mi autoconfianza era muy baja.

Decidí pagarle a mi hijo para que leyera libros de crecimiento personal. Hice un trato con él, que si leía un libro cada dos semanas le pagaría $10 y si lo terminaba en una semana le pagaría $20. Sin embargo, si no terminaba el libro en dos semanas no recibiría nada y no podría ver televisión hasta que finalizara el libro. No tenía más opción que asegurarme de que él leyera esos libros. No quería que él sufriera durante la secundaria por la falta de confianza en sí mismo como me había sucedido a mí.

Dos años después, todos los padres de los hijos de la Escuela Pública Cherokee fueron invitados a una ceremonia de graduación para los estudiantes de último grado en aquella escuela. Mi hijo ahora tenía once años y ése era su último año en esa escuela.

En la ceremonia el director reconoció a muchos estudiantes por sus logros durante el año. Cada uno de ellos fue invitado a pasar al escenario para recibir su diploma. Tristemente y para mi sorpresa, mi hijo no fue uno de ellos.

> "El objetivo de la vida es el desarrollo personal. Todos estamos aquí para comprender perfectamente la naturaleza de cada uno".
>
> — Oscar Wilde

El director luego tomó una placa dorada de madera y dijo: "Cada año un estudiante muy especial de último año recibe esta placa de Premio del Director al liderazgo estudiantil. Se entrega al estudiante que da ejemplo de carácter, liderazgo, habilidades sociales, disciplina y excelencia en todas las facetas de su trabajo. Este estudiante es el modelo principal del año para todos los estudiantes de último año. Por favor felicitemos a Aaron Gogna por obtener este distinguido reconocimiento". Yo casi me caigo de la silla. Mi esposa y yo estábamos completamente asombrados y muy orgullosos.

Sin embargo, lo que más me dejó perplejo fue lo que sucedió luego.

Mi hijo tenía que dar un discurso, y cuando estaba por comenzar, notó que el micrófono estaba un poco abajo de lo que debía estar porque estaba en el piso y no en el escenario. Con toda confianza bajo del escenario, tomó la base del micrófono, y lo puso en el escenario frente a él. En ese momento supe que mi hijo

> "Los hombres generalmente cuidan más de la raza de sus caballos o perros que de sus hijos".
> —William Penn

finalmente había alcanzado el nivel de confianza en sí mismo y liderazgo que cualquier padre habría soñado para su hijo. Esto, creo yo, es un verdadero testimonio del maravilloso poder de los libros de crecimiento personal.

Una persona "segura" siempre tiene una fórmula que usa para sí misma a fin de hacer lo que debe hacer cuando sencillamente no tiene deseos de hacerlo.

Una persona segura entiende y acepta que habrá muchas veces en el transcurso de su vida en las que se sentirá mentalmente exhausta, desanimada y posiblemente incluso se sentirá descorazonada, cuando la vida sencillamente no va como espera que vaya.

La persona segura sabe que tiene que aceptar los retos de la vida como parte de su viaje. También está bien consciente de que más le vale tener un plan estratégico para levantarse cuando se hayan caído y estimularse a hacer lo que debe hacer cuando sencillamente no tiene ganas de hacerlo.

Estas personas saben que deben levantarse lo más rápido posible porque entre más tiempo permanezcan caídas, más difícil será retomar el camino.

Un piloto me dijo en una ocasión que si un avión choca, la meta de la aerolínea es tener la mayor cantidad de pilotos nuevamente en el aire en el menor tiempo posible antes que llegue la inercia y algún piloto se llene de miedo para volar.

> "Nunca he permitido que mis estudios interfieran con mi educación".
> — Mark Twain

Muchas personas miran la apariencia exterior de personas seguras y exitosas, y hacen comentarios como:

"Si él puede hacerlo, yo también".

"Tengo mucho más talento que él, voy a superar su marca".

No podemos ver lo que está dentro de una persona. No podemos ver su nivel de compromiso, motivación, resiliencia, concentración, disciplina, hábitos, consistencia, pasión, corazón o lo que sea que pueda haber en el fondo de ellos y sea responsable de crear lo que son y su éxito.

Al mirar a una persona desde afuera, sólo podemos ver cómo está vestida, cómo camina y cómo habla.

Sólo tendrás éxito si tienes dentro de ti las cosas que las personas exitosas tienen en su interior. De otra manera, no lo lograrás como lo hicieron

> "Las cosas no cambian, nosotros cambiamos".
> —Henry David Thoreau

ellos. Aunque tengas tan buenos talentos "externos", no tendrás éxito hasta que desarrolles las "verdaderas causas" de éxito que ellos han desarrollado en su interior.

> "La más elevada recompensa para el trabajo de un hombre no es lo que obtiene por hacerlo, sino en lo que se convierte al hacerlo".
> — John Rankin

Recuerdo muchas veces en las que solía sentarme en mi oficina. Tenía imágenes de mis sueños por todas las paredes; tenía metas para seis meses, un año y tres años escritas en tarjetas y pegadas en mi tablero de anuncios. Mi escritorio estaba impecable, todo el papeleo hecho, el estómago lleno, agua en mi mesa, una silla cómoda, el teléfono frente a mí, pero no podía moverme a tomar el teléfono para llamar a clientes potenciales para mi negocio. "Algo" me paralizaba pero no sabía qué era. De hecho yo era muy bueno haciendo llamadas, cuando las hacía. Sin embargo, el problema era obligarme a hacerlo de manera consistente.

Visualizaba a un hombrecito verde en la esquina de mi oficina riéndose ante el hecho de que yo estaba posponiendo las cosas. Lo escuchaba decir "¿Sabes que están transmitiendo 'este y otro' programa de televisión? Te encanta ese programa. Olvida tus llamadas esta noche y hazlas mañana". A veces decía: "Se está haciendo tarde. Por qué no dices que ya es de noche y te acuestas en tu agradable, caliente y cómoda cama; se sentirá muy bien". Otras veces sólo decía: "¿Por qué no te tomas una bebida fría del refrigerador y luego comienzas?" Sabiendo que si salía de mi oficina, ya no haría llamadas esa noche.

Cada vez que lo escuchaba y me rendía a hacer llamadas, al salir de mi oficina escuchaba, "¡Te tengo otra vez!" seguido de una risa. Esto pasó por mucho tiempo. Pensé que algo andaba mal conmigo porque sencillamente no podía obligarme a hacer lo que debía hacer para crear un mejor futuro para mí.

> "Si la gente supiera lo duro que trabajo para ganar experticia, de ninguna manera se vería tan maravilloso".
> —Michelangelo Buonarroti

Aunque estaba teniendo dificultades con esto, no estaba dispuesto a renunciar a mis sueños. Tenía la determinación de que algún día, sin importar cuánto tiempo tomara, descubriría la forma de superar este reto para mi vida... y lo hice.

<u>Fórmulas Estratégicas</u> para obligarte a hacer lo que debes hacer, cuando sencillamente no tienes ganas de hacerlo:

1. Tu sueño

2. Tu dolor

3. Tu consecuencia

4. Tu rendición de cuentas

5. Tu causa

6. Tu héroe

7. Tu declaración de gladiador

8. Tu mejor hora

9. Tu diálogo con Dios

10. Tu pasado positivo

> "La misma naturaleza nunca ha intentado efectuar grandes cambios de forma rápida".
> — Quintiliano

Estas diez fórmulas son mentalidades y prácticas diferentes que puedes aplicar a fin de llevarte a hacer las cosas que debes hacer para tener éxito.

Por ejemplo, digamos que acabas de comenzar una empresa trabajando tiempo parcial además de tu empleo de tiempo completo. Quieres ganar más dinero para salir de deudas y tener una mejor calidad de vida, pero aunque necesitas y quieres ganar más dinero, por alguna razón te parece difícil motivarte lo suficiente para hacer el trabajo de forma constante. Aún así sabes que debes hacerlo a fin de tener éxito.

Aunque suene loco, la sola motivación de ganar más dinero para salir de deudas y tener una mejor calidad de vida para tu familia, sencillamente no es suficiente; algo falta. Se necesita algo más para lograr que hagas lo que debes hacer.

Es como esto: digamos que quieres dar más dinero a una obra social pero aunque ésta es una gran meta, sencillamente no te está motivando lo suficiente para hacer el trabajo para ganar el dinero para dar a la obra social. Así que adoptas una mentalidad diferente. Optas por concentrarte en algo más que te da poder. Digamos que es un Mercedes 500SL. La oportunidad de tener un auto como este te impulsa tanto que ahora te levantaste del sofá y estás trabajando consistentemente en desarrollar tu empresa.

> "Razones fuertes logran acciones fuertes".
> —William Shakespeare

Pones imágenes de tu auto soñado en todas partes, haces una conducción de prueba y constantemente te visualizas poseyéndolo y conduciéndolo.

¿Piensas que, para cuando puedas comprar un Mercedes 500SL, también estarás en capacidad de dar más dinero a una obra social? Desde luego que sí. Lograrás ambos sueños con sólo aplicar una fórmula que cambió tu mentalidad.

La razón por la cual tantas personas no hacen esto es porque tienen culpa programada. Sienten que sus prioridades deberían ser lo suficientemente estimulantes. Dicen algo como: "No puedo pensar en cosas materiales como autos; está mal, la obra social es más importante que los autos". Aún así no hacen nada y fracasan en ambas.

El secreto yace en descubrir eso que "despierta tu alma", al descubrir la pasión interior. Cuando la has descubierto, todo lo que queda entonces es perseguirla con todo lo que tienes. Al hacerlo, también tendrás todo lo demás que es importante para ti.

> "La mente de un hombre, una vez ampliada por una idea, nunca vuelve a sus dimensiones originales".
> — Oliver Wendell Holmes

Fórmula 1: tu sueño

Esta fórmula trata sobre cómo mantener tu sueño frente a ti en todo momento. Poniendo imágenes de lo que quieres. Tocando, oliendo y experimentando tu sueño. Si es un auto nuevo, ve y haz una conducción de prueba del mismo. Si es una casa nueva, ve a visitar casas modelo.

Muchas personas son estimuladas y retoman el camino muy rápido con sólo salir y experimentar los sueños que quieren. Las imágenes son muy buenas, pero el poder real viene de la experiencia. Cuando experimentes ese sueño especial, entrará en tu corazón y despertará tu alma al punto de que nada te impedirá alcanzarlo.

> "La seguridad es más una superstición. No existe en la naturaleza... La vida es una aventura atrevida o no es nada".
> — Helen Keller

Si sientes que has descubierto tu sueño y aún así te falta poder para actuar, estás equivocado. No has descubierto tu sueño, pero, sigue buscando. Puede ser que tengas que mirar en áreas de tu vida que no mirarías normalmente.

Si esta fórmula te hace actuar y hacer lo que necesitas hacer, misión cumplida. Estás en el camino y probablemente no necesitas ninguna de las otras fórmulas.

Sin embargo, si no te está llevando a hacer lo que debes hacer, entonces es posible que tengas que considerar seria-mente una de las otras fórmulas además de esta.

> "Olvidar nuestro propósito es una de las formas de estupidez más comunes".
> —Friedrich Nietzsche

Fórmula 2: tu dolor

Si concentrarte en tu sueño no te está estimulando a actuar, entonces probablemente la respuesta está en concentrarte en tu dolor. Probablemente en esta épo-ca de tu vida el poder y la pasión que te harán actuar cuando no sientes deseos de hacerlo, por algún motivo están adheridos al dolor.

Probablemente necesitas pensar seriamente en lo que no quieres en tu vida.

A propósito, es una práctica peligrosa usar esta fór-mula por un periodo de tiempo largo porque atraerás aquello "en lo que piensas" todo el tiempo. Usa esta fórmula como catalizador para impulsarte a moverte y luego concéntrate en los aspectos positivos que obten-drás cuando se alivie tu dolor.

Por ejemplo, si estás pensando: "Odio mi trabajo, quiero renunciar lo más pronto que pueda", entonces pregúntate: "¿Qué es lo que quieres en su lugar?" Y lue-go concéntrate en eso.

Fórmula 3: tu consecuencia

¿Por qué es que sin importar cuán tarde nos acostemos, y sin importar cuán mal nos sintamos en la mañana, aún así podemos lograr levantarnos de la cama para ir a trabajar? La respuesta es CONSECUENCIA. Tenemos algo que perder de inmediato si no vamos a trabajar. Ese algo es nuestro sueldo.

> "Si no quieres ser olvidado tan pronto mueras y seas sepultado, escribe algo que valga la pena leer o
> haz algo que valga la pena escribir".
> — Benjamín Franklin

El temor a la pérdida inmediata, en especial de un pago, nos hará hacer aquello que en realidad no queremos hacer.

Una manera cómo puedes impulsarte a hacer lo que debes hacer es crear una clase de consecuencia inmediata.

Por ejemplo:

Si tienes hijos pequeños, diles que cuando tú hagas "esta u otra cosa" los llevarás a comer pizza, pero sólo puedes llevarlos cuando lo hayas hecho. Ahora has creado una consecuencia inmediata porque si no haces lo que dijiste que ibas a hacer, no sólo te decepcionarás a ti mismo sino que, más importante aún, decepcionarás a tus hijos.

Otro ejemplo es darle a alguien cercano a ti $200 dólares EN EFECTIVO y dile que si no haces "esto o aquello" para una fecha determinada que ya has programado, puede quedarse con el dinero.

> "Si un hombre no piensa en lo que está lejano, encontrará penas a la mano".
> —Confucio

Hace unos años, mi hijo vino a mí y me dijo que había decidido que no quería ir a la universidad. No discutí con él sobre su decisión, en lugar de eso comencé a explicarle la realidad del proceso que yo tenía que seguir en la agencia de empleos a fin de encontrar rápidamente a la persona correcta para una vacante que se nos daba. Este es el proceso que le expliqué:

1. Como teníamos a más de 100 personas para casi todas las vacantes, primero teníamos que filtrar a todos aquellos que no tenían grados. Sin importar cuán buenos fueran, ni siquiera podíamos hablar con ellos porque sencillamente no teníamos el tiempo.

El grado le demuestra a un empleador que tienes disciplina, concentración, habilidades de organización, decisión para finalizar una tarea a largo plazo y la fuerza de voluntad para seguir con algo así no recibas un pago por tus esfuerzos en ese momento.

2. Luego eliminábamos a todos los que no tenían experiencia.

3. Luego eliminábamos a todos los que tenían menos de dos años de experiencia.

> "Lo que pensamos, o lo que sabemos, o lo que creemos es, finalmente, de poca importancia. Lo único que importa es lo que hacemos".
> — John Rankin

4. Después eliminábamos a todos los que estaban sobre-calificados para el empleo; usualmente los mayores de cincuenta años.

Ahora teníamos un número de personas lo suficientemente pequeño para poder llamar y entrevistarlos personalmente como candidatos potenciales para el empleo.

Después de explicarle esto, tomé un par de periódicos y le dije: "Bien, asumamos que has terminado ya la escuela y quieres conseguir un empleo. Miremos en el periódico y busquemos exactamente para qué clase de trabajos calificarías considerando que no tienes más experiencia laboral que la de McDonald's y ningún grado".

Comencé a leer las listas de empleos que no requirieran un grado o alguna educación especializada. A medida que las leía él respondía con un "sí", o un "no", dependiendo si querría esa clase de empleo.

- ¿Conductor de camión de correo? - "NO"

- ¿Conductor de Camión? - "NO" ¿Almacenista? - "NO"

- ¿Trabajador de fábrica? - "NO"

- ¿Vendedor de artículos al por menor? - "NO"

- ¿Vendedor ambulante? - "NO"

- ¿Trabajador de construcción? - "NO"

- ¿Tele mercadeo? - "NO"

- ¿Asistente de estación de gasolina? - "NO"

- ¿Mesero? - "NO"

- ¿Aseador? - "NO"

- ¿Niñero? - "NO", es suficiente papá ¿qué de todos los buenos empleos? Preguntó.

"¿Hablas de estos empleos profesionales?" Le pregunté señalando las listas de oportunidades de empleo en administración profesional. Él dijo: "Sí, esos".

> "Una inversión en conocimiento siempre paga los mejores dividendos".
> —Benjamín Franklin

Comencé a leerlos también y todos requerían una profesión o una profesión y dos años de experiencia.

"Está bien papá, entiendo tu punto", contestó mi hijo.

Las consecuencias de no tener una profesión motivó a mi hijo lo suficiente para retomar el camino con sus estudios y concentrarse en ir a la universidad.

A propósito, él obtuvo 88,8% de promedio e ingresó al "Programa de Administración de Empresas" en la Universidad de Toronto.

Fórmula 4: tu rendición de cuentas

Si no puedes hacer lo que debes hacer por ti mismo, hazlo por alguien más.

"No siempre podemos construir el futuro para nuestra juventud, pero podemos construir nuestra juventud para el futuro".
— Franklin D. Roosevelt

La mayoría de las personas siempre va una milla extra y hacen más por alguien que cuenta con ellos, que sólo exigirse para sí mismos.

Si le dices a alguien que vas a hacer algo, ¿renunciarías, o seguirías intentándolo hasta terminar?

Esta es una fórmula muy poderosa, encontrar a alguien a quien rendirle cuentas para decirle lo que estas planeando hacer y para cuándo planeas hacerlo y luego comenzar a hacerlo.

Te asombrará completamente lo rápido que harás las cosas si le rindes cuentas a alguien que respetas porque ahora tu palabra está en juego.

Entrenador de éxito personal

En esta época de alta competitividad en la que vivimos, muchas personas orientadas al éxito tienen entrenadores de éxito personal, a quienes les pagan un cargo mensual a fin de tener alguien a quien le puedan rendir cuentas a nivel profesional.

El principal propósito del entrenador es ayudarlas a hacer lo que saben que pueden hacer, pero que por algún motivo no lo harán por sí solas.

> "Si he visto más allá es porque he estado sobre hombros de gigantes".
> — Isaac Newton

Beneficios de ser entrenado

1. Las personas que son entrenadas están aprendiendo no sólo de sus propias experiencias sino también de las experiencias personales de su entrenador. Ser entrenadas les permitirá alcanzar el éxito más temprano de lo que podrían alcanzarlo solas. Toma mucho menos tiempo encontrar un entrenador que adquirir el conocimiento y entendimiento que el entrenador ya tiene.

2. Rendirle cuentas a un entrenador siempre aumenta el desempeño personal y los resultados.

3. "La concentración" siempre crea ceguera en otras áreas. El entrenador puede ayudarte a ver el cuadro completo y seguir orientado porque él o ella no está involucrado emocionalmente en las áreas de tu vida sobre las que estás siendo entrenado.

4. El entrenador te ayudará a descubrir tu habilidad única.

5. El entrenador te ayudará a identificar y superar los obstáculos que te impiden alcanzar el éxito que deseas.

6. Si ya estás trabajando duro pero tu vida no está cambiando tan rápido como quisieras que cambiara, un entrenador te ayudará a ver tu vida desde una perspectiva diferente, la cual, a su vez, te ayudará a ser más efectivo. Trabajar más duro no siempre es la solución: trabajar más inteligentemente es la clave.

"Nuestro deseo principal en la vida es alguien que nos hará hacer lo que podemos".
— Ralph Waldo Emerson

¿Cuándo es el momento adecuado para tener un entrenador?

La meta de un entrenador es llevarte a la cima de tu "juego" y mantenerte allá.

Si estás cerca del fondo, el entrenador te ayudará a llegar a la cima. Si ya estás en la cima, el entrenador de ayudará a permanecer ahí.

Muchas más personas lograrían sus sueños si sólo tomaran la decisión de invertir en un entrenador de éxito personal.

Y...

Muchas fortunas no se habrían perdido si la persona que estaba en la cima de su juego, también hubiera sido humilde e invertido en un entrenador mientras estaba en la cima.

Fórmula 5: tu causa

Oscar Schindler, en la película "La lista de Schindler", es retratado como un capitalista alemán. Su única motivación en la vida era simplemente hacer fortuna y disfrutar de los beneficios del éxito material. A medida que ganaba más y más dinero pudo contratar más y más empleados para su compañía, quienes le ayudaron a ganar incluso más dinero.

> "Si un escritor sólo escribiera para su época, yo tendría que romper mi lápiz y tirarlo".
> — Víctor Hugo

Mientras construía su fortuna, las cosas a su alrededor comenzaron a cambiar drásticamente debido a la guerra. Los nazis comenzaron a exterminar a todos los judíos de la zona. Todos los empleados de Schindler eran judíos y los únicos que no eran asesinados porque trabajaban para su compañía, la cual supuestamente hacía municiones para los nazis.

Schindler comenzó a sentir gran compasión por sus empleados y entendió que sólo estaban vivos por él. Su compasión comenzó a dirigir sus acciones y como consecuen-

> "El mundo es mi país, toda la humanidad son mis hermanos, y hacer el bien es mi religión".
> — Thomas Paine

> "Todo artista sumerge su pincel en su propia alma y pinta su propia naturaleza en sus cuadros".
> — Henry Ward Beecher

cia, comenzó a contratar más personas, así no las necesitara, sólo para salvarlas de ser asesinadas.

Luego comenzó a sacar dinero de su compañía como pudiera y literalmente comenzó a comprar judíos con su dinero. Sobornaba a los nazis con dinero a cambio de judíos que fueran rumbo a las cámaras de gases. Les decía que necesitaba a esas personas para su compañía.

Al final de la película hay una escena muy emotiva en la que Oscar Schindler llora diciendo: "Habría hecho más. Si sólo hubiera ganado más dinero habría podido salvar una persona más".

Su motivación cambió de ganar dinero para su "estatus y buena vida" a ganar dinero por una causa. La causa era tan importante para él que literalmente se llevó a la banca rota para salvar las vidas de más de 1100 judíos.

Si no puedes impulsarte a hacer lo que necesitas hacer al concentrarte en lo que te estás concentrando en este momento, entonces probablemente necesitas pensar seriamente en la causa en la que crees. Probablemente es ahí de donde vendrá tu poder para llevarte a hacer lo que debes hacer.

¿Cuántas veces nos escuchamos orando algo como esto?:

"Querido Dios,

Por favor ayúdame con mi empresa, por favor ayúdame con mi salud, por favor ayúdame con mis finanzas, por favor ayúdame con mi empleo, por favor ayúdame con mis hijos, por favor ayúdame con mi matrimonio, por favor ayúdame con mi..."

> "Una vida es valiosa sólo cuando se ha vivido para otros".
> — Albert Einstein

Tenemos toda una lista de cosas con las que nos gustaría que Dios nos ayudara.

¿Cómo crees que Dios reaccionaría ante una oración como esta?

"Querido Dios, gracias por todo en mi vida, lo bueno y también lo malo. Dios, sólo hay una cosa que quisiera de ti y es saber qué puedo hacer por Ti. Me gustaría saber cómo puedo facilitarte mi vida. ¿Qué es eso que puedo hacer para poner una sonrisa en Tu cara? ¿Qué puedo hacer para devolverte algo de gozo por crearme? No necesito nada más que saber qué puedo hacer por ti. ¿Cómo puedo ayudarte? Por favor dime lo que está en Tu mente y en Tu corazón. ¿Cómo puedo ayudarte a lograr el deseo de tu corazón?

"Vivamos de tal manera que cuando muramos incluso el sepulturero lo lamente".
— Mark Twain

Si fueras Dios y escucharas a alguien orar de esa manera, ¿cómo reaccionarías?

Si realmente creyeras que tener éxito en lo que estás haciendo hará de este mundo un mejor lugar, y que a su vez emocionaría el corazón de Dios al punto de derramar lágrimas de gozo, ¿vacilarías en hacer eso que sabes que debes hacer?

Fórmula 6: tu héroe

¿Tienes un héroe? ¿Hay alguien a quien respetes y admires profundamente y quieras seguirle? Si así es, piensa en los logros de tu héroe. Piensa en las dificultades que tu héroe ha tenido que enfrentar. Piensa en el dolor que tu héroe ha tenido que experimentar.

Entre más admires y quieras a tu héroe, más sentirás su dolor a medida que interiorizas su lucha a lo largo de su historia respecto a cómo logró su meta.

Pon fotos de tu héroe en momentos de victoria; más importante aún, encuentra fotos de tu héroe durante sus más duras dificultades.

Cuando interiorices la cantidad de dolor y pena que ha experimentado tu héroe al luchar y perseverar para lograr su meta o misión, llegarás a entender que tu dolor, en comparación, es realmente insignificante. Entender esto te capacitará para no hacer excusas para hacer lo que debes hacer.

> "La forma como reaccionamos ante las circunstancias es la que determina nuestros sentimientos".
> — Dale Carnegie

Tu héroe no necesariamente tiene que ser alguien con quien hayas tenido una relación personal. Podría ser cualquier persona que admires profundamente: Martin Luther King Jr., Gandhi, Harriet Tubman, William Wallace, Sir Winston Churchill, Abraham Lincoln o cualquiera de los grandes fundadores espirituales y santos de las diferentes religiones del mundo.

Fórmula 7: Tu "declaración de gladiador"

Una persona completamente "segura" sabe exactamente quién es, de dónde ha venido y hacia dónde se dirige. En la película "Gladiador" hay una parte increíble en la que el emperador le pregunta al Gladiador: "¿Quién eres? Dime tu nombre". Tras retirarse su máscara, el Gladiador respondió sin vacilación o duda en sus palabras:

"Mi nombre es Maximus Decimus Meridius; Comandante de los Ejércitos del Norte; General de la Legión Félix. Siervo leal del verdadero emperador, Marco Aurelio; Padre de un hijo asesinado; Esposo de una esposa asesinada; Y tendré mi venganza, en esta vida o en la otra".

> "Lo que un hombre piensa de sí mismo es lo que determina, o mejor, indica su destino".
> — Henry David Thoreau

El Gladiador sabía exactamente quién era; su pasión y propósito ardían en cada parte de su ser.

No eres lo que haces en tu trabajo o como profesión. A medida que crezcas personalmente, aprenderás más acerca de ti mismo y de quién eres realmente en el fondo.

De donde has venido no es tan importante como hacia dónde quieres ir y hacia dónde te diriges, por tu pasión interior.

Date poder escribiendo tu propia declaración de Gladiador.

Este es un ejercicio difícil pero vale la pena hacerlo. Puede requerir muchos intentos durante un largo periodo de tiempo; estás tratando de poner en palabras quién eres por dentro e intentando identificar las verdaderas pasiones que te mueven.

> "Mi vida es mi mensaje".
> — Mohandas Gandhi

Tu declaración de Gladiador, cuando la hayas finalizado, te dará poder cada vez que la leas, especialmente en tiempos de dificultad.

Así que procede, inténtalo.

"Mi nombre es... Soy

Fórmula 8: Tu "mejor momento"

En uno de sus discursos más famosos, Churchill dijo lo siguiente:

"Toda la furia y poder del enemigo pronto se volverán sobre nosotros. Hitler sabe que tendrá que vencernos en esta isla o perderá la guerra. Si podemos hacerle frente, toda Europa podrá ser libre, y la vida del mundo podrá avanzar hacia amplias, e iluminadas tierras altas; pero si fallamos, entonces el mundo entero, incluyendo los Estados Unidos, y todo lo que hemos conocido y cuidado, se hundirá en el abismo de una era oscura aún más siniestra, y probablemente más prolongada, por las luces de una ciencia perversa. Entonces comprometámonos con nuestro deber y animémonos al punto que si el Imperio Británico dura mil años, los hombres digan: 'Ese fue su mejor momento' ".

"Nada en el mundo puede reemplazar la persistencia. El talento no lo hará, nada es más común que hombres sin éxito con talento. El genio tampoco lo hará; los genios sin recompensa son casi un proverbio. La educación no lo hará; el mundo está lleno de abandonados educados. Sólo la persistencia y la determinación son omnipotentes. El eslogan 'sigue adelante' ha resuelto y siempre resolverá los problemas de la raza humana".
— Calvin Coolidge

"El mundo los rompe a todos y después muchos son fuertes en los lugares rotos. Pero mata a los que no se rompen. Mata sin parcialidad lo bueno, lo amable y lo valiente. Si no eres ninguno de estos, puedes tener la seguridad de que también te matará, pero no hay prisa para nada".
— Ernest Hemingway

Si no lo has experimentado todavía, tu "mejor momento" será un momento en tu vida en el que estarás luchando fuertemente, necesitando cada porción de esperanza para mantenerte y en el último instante, cuando desesperadamente necesites "algo" que te de confianza, ese "algo" NO llegará.

Ése será tu mejor momento. El momento en el que decides soportar un poco más y no renunciar y de todas formas sólo haces lo que debes hacer. No porque tengas el poder para hacerlo sino simplemente porque es lo correcto.

En la película "Hombre Cenicienta", aunque James Braddock lo había perdido todo y había quedado de rodillas debido a la recesión, su mejor momento aún no había llegado.

Aunque la imagen de una nota que el lechero le había dejado, "En mora", estaba dolorosamente arraigada en su mente porque ni siquiera podía comprar leche para sus hijos, su mejor momento todavía no había llegado.

Aunque había dejado de orar después de susurrarle a su esposa "Ya oré todo lo que podía", su mejor momento todavía no había llegado.

James Braddock le había prometido a su hijo mayor que sin importar lo mal que se pusiera todo, no los abandonaría haciéndolos vivir en otra parte. Su mejor momento finalmente llegó cuando llegó a una casa vacía y oscura.

> "Dulces son los usos de la adversidad, los cuales, como un sapo, aunque feo y venenoso, usa una preciosa joya en su cabeza".
> — William Shakespeare

La calefacción y las luces estaban apagadas debido al no pago y los niños no estaban. Su esposa le había pedido a su hermana si sus hijos podían vivir con ella hasta que las cosas mejoraran. Ella no sabía de la promesa que James le había hecho a su hijo mayor.

Aunque el espíritu de Braddock finalmente fue quebrantado, se rehusó a darse por vencido. Se rehusó a romper la promesa hecha a su hijo.

Fue a la sala de ejecutivos en el club de boxeo. Todos lo conocían como un boxeador lesionado. Literalmente se quitó el sombrero de su cabeza y rogó pidiendo dinero para poder tener de vuelta a sus hijos.

Ese fue su mejor momento. Aunque sus circunstancias no podían estar peor, James Braddock no se dio por vencido, no traicionó su moral para robar. En el punto más bajo de su vida, decidió conservar su integridad.

Personalmente creo que su negación a darse por vencido y mantener sus normas morales fue la condición que él creó para que Dios bendijera su vida de ahí en adelante.

Fórmula 9: tu diálogo con Dios

Tus oídos, tu silencio y tu paciencia son los mejores sanadores de las aflicciones.

> "Tus oídos, tu silencio y tu paciencia son los mejores sanadores de las aflicciones".
> — Terry Gogna

La mejor manera de ayudar a alguien en medio de sus luchas es sencillamente escuchándolo, escucha su historia y su corazón sin responder.

Muchas personas tienen una historia que quieren contar. Muchas personas necesitan a alguien a quien contarle esa historia y no hay nadie que escuche. Todos están tan ocupados hablando que nadie tiene tiempo para escuchar.

Cuando pasé por unos terribles tiempos a nivel personal en mi vida, siempre sentí que en realidad no podía abrirle mi corazón a nadie. Venía de una cultura que te enseña a ser un hombre y enfrentar las cosas tú mismo y no cargar a otros con tu dolor. Así que, como consecuencia de eso, elegí nunca compartir mis penas más profundas con nadie. Solamente las mantenía adentro.

Cuando no tienes cómo sacar el dolor de tu corazón, tu personalidad cambia acomodando todo lo que has encerrado adentro, ¿cómo podrías estar motivado y animado a

> "No haber sufrido nunca, es nunca haber sido bendecido".
> — Edgar Allan Poe

desarrollar un gran futuro si tienes que llevar una carga tan pesada?

Siempre había sabido sobre este aspecto en la Biblia.

"Venid a mí, todos los que estáis trabajados y cargados que yo os haré descansar".

Pero nunca había soñado con realmente intentar aplicarlo, hasta que un día escuché una voz en mi cabeza que me decía: "¿Por qué no hablas conmigo?" Me pareció extraño. Pensé, ¿por qué abriría mi corazón con Dios? Él ya sabe todo acerca de mí. Ya sabe lo que voy a decir antes que las palabras lleguen a mi boca. Es una práctica bastante inútil.

Luego escuché otra voz que decía: "No, no es así"... Comencé a pensar, probablemente Dios puede elegir no saber lo que estamos pensando y no saber cómo nos sentimos en ciertos momentos, para que podamos hablar con él y abrir nuestro corazón a él.

Decidí aceptar ese pensamiento e intentar algo por un tiempo... Supongo que algunos dirían "infantil". Así que, como un pequeño niño, pretendí hablar con

> "No vayas a donde te pueda llevar el camino, en lugar de eso ve por donde no hay camino y deja una senda".
>
> — Ralph Waldo Emerson

un amigo imaginario. Pensé, a quién le importa lo que otros piensen, en realidad no le diré a todo el mundo que estoy haciendo esto. Sólo miremos qué pasa.

Puse algo de música de fondo y tomé un cuaderno de notas y un lápiz. Puse la fecha en la parte arriba de la página y en la izquierda escribí "Terry" y al lado de mi nombre escribí "Hola Dios, soy yo". Luego, bajo mi nombre escribí "Dios" y respondí lo que creo que Dios diría si estuviera respondiendo. Fue como si estuviera escribiendo un guión. Escribí, "Hola", y luego estallé en risas. No podía creer que estaba haciendo esto, pero decidí seguir haciéndolo.

La mejor parte de este dialogo fue que podía decidir cómo me respondía Dios. Después de todo, yo tenía el lápiz. Comencé a escribir las respuestas de Dios hacia mí como si Él fuera la persona más cuidadosa, amorosa, atenta, perdonadora y sabia que con quien me pudiera imaginar hablando.

Decidí que, siendo Dios, tendría las respuestas a cada pregunta que se me ocurriera hacer.

Decidí que Él estaría dispuesto a escucharme en cualquier momento que necesitara hablar con Él, y que cuando hablara con Él, Él me escucharía como si tuviera todo el tiempo del mundo.

Decidí que sin importar lo que yo hiciera, Él nunca se enfadaría o tendría rencor contra mí.

Decidí que Él era la persona perfecta a quien le podía abrir mi corazón sin sentirme avergonzado.

> "El hombre disciplinado con gozo y luz interior, se vuelve uno con Dios y alcanza la libertad que es de Dios".
> — Bhagavad-Gita

Comencé a escribir el dialogo; mis preguntas y sus respuestas de acuerdo con lo que yo creía que Él diría. Cuando escribía sus respuestas, trataba de escribir lo más rápido que pudiera, para no tener que pensar mucho en ellas.

Seguí haciendo esto a diario y después de una semana no podía creer lo que estaba pasando. Fue una experiencia completamente brillante.

Este fue uno de los más grandes descubrimientos de mi vida. Finalmente tenía a alguien con quien hablar. La experiencia fue tan poderosa y transformadora que ahora se ha convertido en parte de mi vida.

Probablemente esta práctica de tener una conversación diaria con Dios te ayude a tener suficiente capacidad para hacer lo que debes hacer.

> "El mayor bien que puedes hacer por otra persona no es sólo compartir tus riquezas, sino revelarle las suyas".
> — Benjamín Desraeli

Fórmula 10: tu pasado positivo

"La virtud extiende nuestros días, vive dos vidas aquel que revive su pasado con placer".
— Marcus Valerius Martialis

Si te tomas el tiempo para trazar un mapa de tu vida hasta ahora, concentrado en "revivir" los eventos positivos que has experimentado en tu pasado, lo que descubras te dejará completamente asombrado.

Comienza haciendo una lista, lo más extensa posible, de todas las cosas memorables que te han sucedido en la vida hasta hoy. Incluye éxitos y experiencias personales. Cuando las hayas listado, ponlas en orden cronológico, para que cada experiencia tenga una fecha y en orden desde el evento más antiguo hasta el más reciente. Asegúrate de dejar un espacio de una o dos líneas entre cada punto de tu lista.

Ahora, mirando cada punto, pregúntate: "¿Alguien te ayudó a lograr este éxito personal o te ayudo a hacer que tu gran experiencia se hiciera realidad?" Puede que los nombres de las personas que recuerdes te sorprendan. De hecho podría ser alguien que no te agrade para nada pero ahora la aprecias por haber entrado en tu vida y haber hecho una diferencia.

Recuerda, si ves una tortuga en una cerca, no llegó ahí por sí sola. Los hombres que dicen que se han formado solos, son hombres egoístas. Se rehúsan a darle crédito a quienes les ayudaron a llegar donde están en la vida.

Ahora vuelve a mirar tu lista y escribe, entre cada uno de los eventos positivos, sólo las dificultades importantes que has tenido en tu pasado y que YA NO TIENES. Asegúrate de ponerlos en el lugar correcto. La fecha de cada evento es importante.

Tomará tiempo listar todas las cosas que estás intentando escribir porque sencillamente no recordarás tan rápidamente todo lo que ha sucedido en el pasado. Así que date tiempo.

> "No sé cómo le parezca al mundo, pero para mí he sido un niño pequeño jugando en la playa y distrayéndome de vez en cuando al encontrar una piedra más lisa o una concha más bonita de lo normal mientras el gran océano de la verdad se extendía, completamente inexplorado ante mí".
> — Isaac Newton

Cada vez que mires el "mapa de tu pasado positivo" serás empoderado. Te hará recordar que tu vida hasta ahora ha estado llena de grandes experiencias, grandes éxitos y grandes personas. También te demostrará que siempre podrás superar cualquier reto que llegue a tu vida en el futuro, así como superaste los del pasado.

Asegúrate de seguir construyendo este mapa. Cada vez que algo especial sucede en tu vida, regístralo con la fecha y el nombre de las personas especiales que ayudaron a que eso se hiciera realidad.

Recuerda, como tu mente ahora está concentrada en buscar que suceda el siguiente evento especial en tu vida para poder registrarlo, estarás atrayendo más grandes experiencias, más grandes personas y más grandes éxitos hacia tu vida.

La sabiduría es la aplicación del conocimiento

"Los sabios ponen en práctica el conocimiento que adquieren, los intelectuales simplemente lo almacenan".
— TERRY GOGNA

Ahora que has leído este libro te animo a hacer lo que hacen los "sabios" y no lo que las personas "promedio" siempre harán. No te haces sabio solamente con adquirir conocimiento. Te haces sabio al aplicar el conocimiento que adquieres. Actúa sabiamente y haz lo siguiente:

1. Identifica las tres cosas más importantes que has aprendido con la lectura de este libro.

> "Sólo cuando le enseñes algo a alguien entenderás qué tan bien entendiste eso que estás enseñando".
> — Terry Gogna

2. Envíame un correo electrónico explicándome por qué elegiste esas tres como tus tres mejores y cómo te ayudaron en tu vida personal o profesional.

Al escribir este correo electrónico no sólo interiorizarás el contenido del que estás escribiendo, sino que también comenzarás a entenderlo más profundamente y con mucha más claridad.

Sólo cuando le enseñes algo a alguien entenderás qué tan bien entendiste eso que estás enseñando. Te estoy dando la oportunidad de enseñármelo por medio de un correo electrónico.

A propósito, estaré publicando algunos de los mejores correos electrónicos en mi próximo libro impreso. Serás contactado si el tuyo es seleccionado.

3. Programa una fecha para leer de nuevo este libro exactamente un mes a partir de hoy. Te sorprenderá mucho lo diferente que percibirás el contenido de tu primera lectura.